Andreas Kieling

DER BÄR

Parragon

INHALT

BÄREN VOR DER KAMERA
6

DIE BÄREN SIND LOS
16

BÄREN UNTER SICH
48

FAMILIE BÄR
84

BÄR GEGEN BÄR – KAMPF DER GIGANTEN
136

AUF BEUTEZUG
154

BÄR UND MENSCH
204

FAKTEN UND HINTERGRÜNDE
228

BÄREN VOR DER KAMERA

Als ich im Frühjahr 1991 am Yukon River in Alaska meinen ersten Grizzly in freier Wildbahn sah, war ich voller Ehrfurcht, aber auch erschrocken und traute mich kaum Luft zu holen. Er stand etwa 200 Meter von mir entfernt auf einer großen Lichtung und ließ sich das erste frische Gras des Jahres schmecken. Was ich zu jener Zeit noch nicht wusste, war, dass Bären nach ihrer sechs bis sieben Monate dauernden Winterruhe recht träge sind. Da ihr Stoffwechsel erst wieder richtig in Gang kommen muss, haben sie nichts anderes im Sinn, als nach Nahrung zu suchen. Mein damaliges Wissen über Braunbären stammte aus Büchern und von meinen indianischen Freunden. In ihren Augen ist der Bär ein übermächtiges Wesen, fast gottgleich, extrem gefährlich, nicht zu bezwingen – er tötet Menschen, plündert Camps, macht Jägern ihre Beute streitig.

All das schoss mir durch den Kopf, während ich mich langsam und mit weichen Knien an den Grizzly anpirschte. Auf einmal schnüffelte er zu mir herüber, fraß dann aber gemächlich weiter. Je näher ich ihm kam, desto nervöser und aufgeregter wurde ich. Ich begann zu fotografieren. Die Sonne stand tief, ein grandioses Licht für Fotos – wenn sie scharf geworden wären, denn vor lauter Aufregung zitterten mir die Hände. Der Bär ließ sich weder von mir noch vom Klicken meiner Kamera stören. Irgendwann war ich so nahe dran, dass ich dachte, das müsse ein zahmer Bär sein. Anders konnte ich mir nicht erklären, dass er keine Scheu vor mir hatte. Heute, nach vielen Jahren Arbeit in enger Nähe zu diesen Tieren, weiß ich, dass der Bär nur deshalb so entspannt war, weil er noch keine schlechten Erfahrungen mit Menschen gemacht hatte.

Meine zweite Begegnung mit einem Grizzly verlief weniger friedlich. In einem großen Tal im Norden der Brooks Range in Alaska lag ich mit meiner Fotokamera gegen den Wind und gut getarnt neben einem Felsblock, als ich einen Bären auf mich zu kommen sah. 300 Meter – zu weit weg für ein Foto. 200 Meter, 100 Meter, ich begann zu knipsen, mit einer ganz leisen Spiegelreflexkamera, die ich zusätzlich mit einem Polarfleece umwickelt hatte, um die Geräusche zu dämpfen. 50 Meter, 30 Meter, ich fotografierte und fotografierte. Plötzlich ging der Bär in Angriffsstellung, schnaubte und brummte. Wittern konnte er mich gegen den Wind nicht, also musste er mich gespürt oder das Klicken der Kamera gehört haben. In diesem Moment tat ich instinktiv das

Eine Bärin mit zwei Jungen (*unten*) im Alter von zweieinhalb Jahren. Sie sind schon fast so groß wie ihre Mutter. Diese Bärin kenne ich schon seit elf Jahren, in denen sie dreimal Junge führte.

Diesem Bärenmännchen (*rechts*) im Alter von 14 bis 16 Jahren bin ich im Laufe der Jahre immer wieder begegnet. Selbst als es in die Geschlechtsreife kam, war es mir gegenüber nie aggressiv.

einzig Richtige: Ich zeigte mich ihm. Ich stand auf und rief: „Hey Bär, hier bin ich!" Er klapperte zweimal mit dem Kiefer, fauchte laut – und flüchtete in die Büsche.

Seither nähere ich mich Bären offen. Anstatt mich zu verstecken oder anzuschleichen, benehme ich mich möglichst auffällig, winke sogar mit den Armen, wenn ich sie von weitem sehe, sorge dafür, dass sie früh Witterung von mir bekommen. Viele Tiere ziehen sich einfach zurück, andere verhalten sich gleichgültig oder kommen ein paar Meter auf mich zu, um mich genauer in Augenschein nehmen zu können, gehen dann aber wieder ihrer Tagesbeschäftigung nach, dem Sammeln von Heidelbeeren oder anderen Leckereien, oder kehren zu ihrem Riss zurück. Ich gewöhne die Bären über Wochen an meine Nähe, so dass sie sich mit meiner Anwesenheit vertraut machen können. Bären erkennen einen innerhalb kürzester Zeit am Geruch und an der Stimme, weshalb ich leise mit ihnen spreche.

Auch musste ich erst lernen, einem Bären nicht zu lange in die Augen zu schauen, selbst wenn man ihn gut kennt, denn das ist in ihrer Sprache eine Provokation und kann eine aggressive Reaktion zur Folge haben. Vergleichbares kann passieren, wenn man ihnen mit der Kamera zu nahe kommt. Offenbar sehen sie in der Kameralinse etwas Augenähnliches.

In all den Jahren bin ich nur ein einziges Mal von einem Bären tätlich angegriffen worden. Das war während der Paarungszeit. Ein älteres Männchen war schon seit Tagen hinter einer jungen Bärin her, bedrängte sie massiv, doch jedes Mal entzog sie sich ihm. Eines Tages sah ich, wie sich das Weibchen mit einem jungen Männchen paarte. Auf einmal tauchte in der Ferne der Alte auf, bekam Witterung von den beiden und lief auf sie zu. Die beiden stoben auseinander und der Einzige, der noch auf der Wiese stand, mit Kamera und Stativ, war ich. Statt die Bärin zu verfolgen, kam der Alte auf mich

zu. Ich schrie ihn an, doch er reagierte nicht. Der Bär griff an. Im letzten Moment drehte ich mich um, zog den Kopf zwischen die Schultern und bot dem Bären meinen Rücken, der durch einen schweren Rucksack, vollgepackt mit technischem Equipment, einigermaßen geschützt war. Im selben Augenblick spürte ich einen heftigen Schlag auf dem Rücken und wurde zwei Meter durch die Luft geschleudert. Ich erwartete, dass der Bär nachsetzen würde, doch kieferklappernd und fauchend lief er davon. Vielleicht hatte er das Gefühl, zu weit gegangen zu sein, denn in den nächsten Tagen, wenn er mich sah, drehte er ab. Seit diesem Angriff sind Jahre vergangen und noch heute weicht er mir aus.

Die Faszination an der Bärenfotografie liegt für mich auch darin, dass ich zu einigen Tieren eine regelrechte Beziehung aufgebaut habe. Sie erkennen mich wieder, wenn ich im Frühjahr nach Alaska oder Nordkanada zurückkehre, was ich an der entspannten Atmosphäre spüre.

Wenn Braunbären (*oben*) von einem ihnen unbekannten Objekt keine Witterung bekommen, richten sie sich zur besseren visuellen Wahrnehmung auf. Dieses Verhalten wird häufig als Aggression gedeutet. Meiner Erfahrung nach ist es aber eher Neugierde oder Unsicherheit.

Der Tierfotograf (*links*) gilt als Inbegriff für Geduld, denn er wartet oft tagelang auf das beste Motiv. Beobachtet man Bären über eine lange Zeit, wird einem eines immer deutlicher: Jede These wird irgendwann widerlegt, alles ist möglich.

Weit draußen auf den Aleuten (*folgende Doppelseite*) muss ich das Kanu oft viele Kilometer flussaufwärts ziehen, um mit meiner schweren Ausrüstung die Laichplätze der Lachse zu erreichen. Dort versammeln sich jedes Jahr die Küstenbraunbären, um über Wochen von den sehr nahrhaften Fischen zu leben. Hin und wieder werde ich von einzelnen Bären verfolgt, die dasselbe Ziel haben.

Was im ersten Moment wie ein Angriff auf meine Person aussieht, entwickelt sich zu einem handfesten Streit der Bären um einen Lachs. Oft spielen sich unglaubliche Szenen direkt vor meiner Kamera ab, und ich muss aufpassen, dass mich die wütenden Kontrahenten nicht überrennen. In all den Jahren meines Zusammenlebens mit den braunen Riesen bin ich in so einer Situation noch nie körperlich zu Schaden gekommen. Die Kämpfe zwischen Braunbären um ein einzelnes Beutetier oder einen ergiebigen Fischgrund werden oft mit großer Härte geführt. Im Herbst, wenn die Bären instinktiv spüren, dass ihnen für die Winterruhe noch Fettreserven fehlen, sind diese Kämpfe besonders häufig zu beobachten. Dabei geht es auch um Dominanz und Rangordnung, wie in diesem Fall zwischen zwei nicht allzu starken Weibchen. Das Tier links im Bild ist das zweieinhalbjährige Junge der heller gefärbten Bärin.

DIE BÄREN SIND LOS

Es gibt auf der Welt nicht viele Raubtiere, die so anpassungsfähig wie Bären sind und die sich so unterschiedliche Lebensräume erschließen konnten: von den kargen Tundren der Arktis bis hin zu den südlichen Breitengraden mediterranen Charakters. Selbst in den Randgebieten der Wüste Gobi gibt es Braunbären. In Nordamerika kamen sie flächendeckend vor, wurden aber vom Menschen verdrängt.

Drei Hauptfaktoren begünstigen die weite Verbreitung des Bären: Als größtes an Land lebendes Raubtier hat er – vom Menschen abgesehen – keine natürlichen Feinde. Sein Gebiss sieht auf den ersten Blick wie ein klassisches Raubtiergebiss aus. Gegenüber den reinen Fleischfressern aber sind die Backenzähne abgeflacht und damit bestens geeignet, auch pflanzliche Nahrung zu zerkleinern. Und der Bär hat, wie wir Menschen auch, einen robusten Allesfressermagen.

In den nördlichen Regionen von Kanada, in Alaska und Sibirien leben Bären bis zu 98 Prozent vegetarisch, ernähren sich von Gräsern, Blüten, Wurzeln, Samen und Beeren. In den Karpaten fressen sie zum Ärger der Bauern liebend gern Maiskolben, Getreide, aber auch Wildkirschen sowie Pflaumen und mästen sich für den Winter mit Eicheln.

Braunbären, die an den Küstenregionen Alaskas und auf Kamtschatka leben, ernähren sich hauptsächlich von Lachs, Muscheln und frischem Seegras. Bären können aber auch den Zucker von Früchten sowie die Stärke von Getreide und Eicheln in Fett umwandeln. Um den Fettvorrat für den Winter zu decken, müssen sie davon allerdings Unmengen fressen.

Bären sind nicht nur Generalisten, die sich alle erdenklichen Nahrungsquellen erschließen, sondern auch absolute Opportunisten. Sie können sich ein Jahr lang ausschließlich von Gras, Wurzeln oder allein von Fisch ernähren und gedeihen dabei prächtig. Hat der Bär eine Futterquelle gefunden und wird an dieser nicht gestört, bleibt er oft wochenlang am selben Fleck. Erst wenn die Nahrungsquelle erschöpft ist, zieht er weiter.

Die Winterruhe der Bären unterscheidet sich vom Schlaf der echten Winterschläfer, wie zum Beispiel Murmeltier und Igel, insofern, dass Atemfrequenz sowie Herzschlag nur geringfügig zurückgehen und die Körpertemperatur nur um wenige Grad sinkt. Die Bären können aus ihrer Winterruhe jederzeit aufwachen,

Am Ende ihres ersten Sommers (*unten*) können junge Küstenbraunbären, die dann höchstens neun Monate alt sind, gut genährt bis zu 55 Kilogramm wiegen.

Wenn mein Segelschiff, die Tardis (*rechts*), in einem bärenreichen Fjord ankert, kommt es häufig vor, dass Braunbären bis an das Boot heranschwimmen. Einzelne Bären versuchten sogar schon, von „exotischen" Gerüchen angelockt, in das Segelboot zu klettern.

während echte Winterschläfer dafür mehrere Tage benötigen.

In Nord- und Südamerika leben vier Arten, die zur Gattung „Echter Bär" (ursus) gehören. Drei davon werden in diesem Buch gezeigt: der Braunbär oder auch Grizzly, der amerikanische Schwarzbär und der Eis- oder Polarbär. Die vierte auf dem amerikanischen Kontinent lebende Großbärenart ist der Brillen- oder Andenbär. Seine Verbreitung beschränkt sich auf Südamerika, während Braun-, Schwarz- und Eisbär nur in Nordamerika vorkommen.

Der Braunbär oder Grizzly (ursus arctos; arctos ist das griechische Wort für Bär) erreicht eine Schulterhöhe von 90 bis 160 Zentimetern. Die schwersten Exemplare, die bis zu 1000 Kilogramm wiegen können, sind die Kodiakbraunbären, benannt nach ihrem Verbreitungsgebiet auf der Insel Kodiak, vor der Südküste Alaskas. Wenn sie sich aufrichten, sind kapitale Tiere über vier Meter groß. Alaska ist neben dem westlichen Kanada und Kamtschatka das Gebiet mit den größten Braunbärpopulationen. In anderen Gebieten lebende Braunbären wiegen deutlich weniger, in Südeuropa nur etwa durchschnittlich 150 Kilogramm. Weltweit gibt es noch circa 185 000 bis 200 000 frei lebende Braunbären.

In Asien reicht das Verbreitungsgebiet des Braunbären vom nördlichen Sibirien über die Himalajaregion bis in den Iran. Außerdem leben im südlichen und östlichen Asien noch die Großbärenarten Lippenbär, Malaienbär, Kragenbär und großer Pandabär.

Der amerikanische Schwarzbär (ursus americanus) ist mit etwa 90 Zentimetern Schulterhöhe kleiner als der Braunbär und mit einem Durchschnittsgewicht von 80 (Weibchen) beziehungsweise 200 Kilogramm (Männchen) auch wesentlich leichter als die meisten Braunbären. Der amerikanische Schwarzbär findet sich hauptsächlich in Kanada und Alaska, aber ebenso in den 48 „lower states". Kleinere Populationen leben auch in Mexiko. Nur selten wagt sich der amerikanische Schwarzbär ins offene Gelände, den Lebensraum der Braunbären. Da sein Fleisch sehr nährstoffreich ist, wäre er für Grizzlys ein gefundenes Fressen.

Der nördlichste Vertreter aller Großbären ist der Eis- oder Polarbär (ursus maritimus). Ausgewachsene Männ-

chen können eine Schulterhöhe von bis zu 160 Zentimetern erreichen. Ihr Gewicht liegt bei durchschnittlich 420 bis 600 Kilogramm. Die Weibchen wiegen je nach Ernährungszustand zwischen 150 und 300 Kilogramm. Der Herrscher der Arktis ist ein Musterbeispiel für die Anpassungsfähigkeit der Bären an eine lebensfeindliche

Umgebung: den Treibeisbereich des nördlichen Polarmeeres. Er ist die jüngste Raubtierart der Erde und hat sich vor etwa 200 000 Jahren aus einer nördlichen Grizzlypopulation entwickelt, die in der letzten großen Kaltphase unserer Eiszeit vermutlich von Gletschern eingeschlossen worden war.

Die langen Übergangsphasen zwischen Sommer und Winter gibt es im hohen Norden nicht. Innerhalb weniger Tage färbt sich das Laub bunt und fällt von den Bäumen. Finden Braunbären nicht mehr genügend Fressbares und ist ihr Energieverbrauch höher als ihre Nahrungszufuhr, ziehen sie sich sehr schnell in ihre Winterhöhlen zur Ruhe zurück.

Um an die sehr nahrhaften Seevogeleier oder Küken zu gelangen, schwimmen einige Bärinnen jeden Sommer zu den vorgelagerten Inseln der Aleuten, auf denen es ansonsten keine Raubtiere gibt, und plündern dort die Nester. Ganz systematisch sucht diese junge Bärin mit ihrem Nachwuchs die Insel nach Vogelnestern ab. Da Möwen keine Höhlenbrüter sind, fallen die meisten ihrer Gelege Beutegreifern zum Opfer. Durch den kurzen arktischen Sommer sind viele Vogelarten nicht in der Lage, ein zweites Mal Eier zu legen.

Auf der Suche nach Fressbarem durchstreifen Bärenfamilien immer wieder dieselben Regionen. Die Heimatgebiete einzelner Tiere können zwischen 200 und 500 Quadratkilometer groß sein.

Diese Bärin mit ihren beiden Jungen sucht wie viele Küstenbraunbären Alaskas regelmäßig den Ufersaum nach Fressbarem ab. Bären können sowohl pflanzliche als auch tierische Nahrung zu sich nehmen. Besonders im Frühjahr, bevor die großen Lachswanderungen einsetzen, finden sie an der Küste gnießbares Strandgut.

Bären, die in alpinem Gelände leben (*folgende Doppelseite*), haben oft ein auffallend helles Fell. 24 Stunden Tageslicht im arktischen Sommer und die starke UV-Strahlung lassen das Fell allmählich ausbleichen. Braunbären, die im Landesinneren leben, werden in Nordamerika als Grizzlys bezeichnet, was nichts anderes als „der Graue" heißt.

Grundsätzlich gilt, dass sich die Fellfarbe im Laufe der Entwicklung des Jungen zum ausgewachsenen Bären ändern kann. Fast weiße Braunbären (*links oben*) sind sehr selten. Dieses etwa 17 Monate alte Jungtier fällt durch seine helle Fellfärbung auf. Es ist allerdings kein echtes Albino, denn ihm fehlen die roten Augen und der rosa Nasenschwamm. Von Schwarzbraun bis Hellbeige (*links unten und oben*): Die Fellfarbe von Braunbären kann sehr unterschiedlich sein. In einigen Küstenregionen sieht man rötliche Fellfarben sehr häufig

Bereits mit ihrer Mutter war die Bärin auf dieser Vogelinsel und hat die Nester geplündert. Jetzt zeigt sie ihrem sechs bis sieben Monate alten Nachwuchs die besten Stellen. Wenn der kleine Bär erwachsen ist, wird er das erlernte Verhalten und die Erfahrung an seine Kinder weitergeben. Treffen Mutter und erwachsene Tochter später zufällig wieder aufeinander, zieht sich die Jüngere demutsvoll zurück und überlässt der Älteren die besten Futterplätze. Verwandtschaftliche Verhältnisse unter Bären brechen spätestens mit der Geschlechtsreife auseinander. Selbst aus nahen Verwandten können dann erbitterte Feinde werden.

Kurz vor Beginn der Winterruhe (*rechts und folgende Doppelseite*) sind einzelne Küstenbraunbären so gut genährt, dass sie mit ihren angefressenen Fettvorräten bis zu einer Tonne Gewicht auf die Waage bringen. Voraussetzung dafür sind eine fett- und eiweißreiche Nahrung über einen langen Zeitraum, eine nicht zu lange Winterruhe und ein mildes Klima. Natürlich spielt auch die genetische Veranlagung eine Rolle, denn nicht jeder Küstenbraunbär wächst zu einem Giganten heran.

Schwarzbären bevorzugen Wald- sowie Buschgebiete und meiden offene Landschaften. Auch als erwachsene Tiere sind sie noch gute Kletterer und flüchten bei Gefahr auf Bäume.

Der amerikanische Schwarzbär ist im Gegensatz zum Braunbären flächendeckend in ganz Nordamerika beheimatet. Nur in den südwestlichen wüstenartigen Landesteilen und im äußersten Norden Kanadas sowie Alaskas fehlt er. Durch seine geringere Größe und seine Anpassungsfähigkeit an die menschliche Zivilisation stehen ihm größere Lebensräume zur Verfügung. Was die Nahrung betrifft, sind Schwarzbären absolute Allesfresser. Insekten, Amphibien, Echsen, Fische, kleine Säugetiere und Aas sowie Früchte, Beeren, Nüsse, Wurzeln und Gräser bilden einen Großteil ihrer Nahrung. In den klassischen Getreideanbaugebieten Kanadas und der USA richten

Der amerikanische Schwarzbär ist der am weitesten verbreitete und häufigste Großbär Nordamerikas. In seinem Bestand ist er nicht gefährdet. Ganz im Gegenteil, durch das Verschwinden seines ärgsten Feindes, des Grizzlys, aus großen Teilen Nordamerikas ist seine Population in den letzten Jahrzehnten noch angestiegen.

Einige Indianer behaupten, das einzig Berechenbare an einem Schwarzbären sei seine Unberechenbarkeit. In der Tat zeigen Schwarzbären weniger Scheu vor dem Menschen als Braunbären. Dass es aber viel öfter zu Konflikten zwischen Menschen und Schwarzbären kommt, liegt wohl daran, dass ihr Verbreitungsgebiet in Nordamerika zum Teil bis in die menschliche Zivilisation hineinreicht.

Schwarzbären jedes Jahr nicht unerheblichen Schaden an. Auch in amerikanischen Nationalparks und Vorstädten sind Schwarzbären teilweise zu einem Problem geworden. Ihr ausgeprägter Geruchssinn führt sie auf der Suche nach Nahrung zu Zeltplätzen und den Autos der Besucher. In den Stadtrandgebieten sind es meistens die Mülltonnen und Müllplätze, die die Bären magisch anziehen. Die Tiere sind dann gelegentlich so zudringlich, dass es schon zu Zwischenfällen gekommen ist.

Entsprechend ihres Verbreitungsgebietes können Schwarzbären eine unterschiedliche Fellfärbung aufweisen. Neben der überwiegend schwarzen Fellfarbe gibt es den blauen Gletscherbären, den rötlich braunen Zimtbären und den fast weißen Kermodebären.

Nicht nur durch seine überwiegend schwarze Fellfärbung (*vorhergehende Doppelseite*) unterscheidet sich der amerikanische Schwarzbär vom Braunbären. Mit durchschnittlich 200 Kilogramm Gewicht ist er deutlich kleiner. Neben der geringeren Größe fehlt ihm der ausgeprägte Nackenmuskel, der sogenannte Schulterhöcker. Die Stirn des Schwarzbären ist flacher und seine Krallen an den Vorder- sowie Hinterpfoten sind kürzer. Die Bärenfellmützen, die zur Paradeuniform verschiedener britischer Regimenter gehören, werden bis heute aus dem Fell kanadischer Schwarzbären hergestellt. Außerdem sind Kanada und die USA die größten Exporteure von Bären-Gallenflüssigkeit nach Südkorea, China und Japan, wo man ihr in der traditionellen Medizin außergewöhnliche Wirkungen nachsagt.

Obwohl Schwarzbären (*oben und rechts*) als Einzelgänger leben, findet man Gruppen von ihnen an besonders ergiebigen Futterplätzen, wie hier im Annan Creek an der Westküste Kanadas. In der Saison machen sie an den unzähligen lachsreichen Flüssen Nordamerikas, genauso wie ihre Vettern die Braunbären, Jagd auf die nahrhaften Fische.

*Verfolgung sinnlos – Schwarzbären sind von klein auf
gute Kletterer und entziehen sich auf diese Weise drohender Gefahr,
etwa dem Angriff von bodenständigen Braunbären.*

Durch ihr großes Verbreitungsgebiet (*links*) leben Schwarzbären in sehr unterschiedlichen Habitaten. Die ausgezeichneten Kletterer besitzen kräftige, stark gekrümmte Krallen. Sie bewegen sich regelmäßig auf Bäumen, um Vogelnester zu plündern oder Waldfrüchte zu pflücken.

Schwarzbären (*oben*) setzen beim Laufen wie wir Menschen die ganze Fußsohle auf. Über kurze Strecken können sie sehr hohe Geschwindigkeiten erreichen, außerdem sind sie ausgesprochen gute Schwimmer.

Das Verbreitungsgebiet des Eisbären erstreckt sich über den gesamten Treibeisbereich des nördlichen Polarmeeres. In diesen Gebieten hält sich der weiße Bär überwiegend auf Eisflächen auf, die vom Wind und den Meeresströmungen in Bewegung gehalten werden. Hier kann er seiner Hauptbeute, den Robben, am besten habhaft werden.

Als Anpassung an das Leben im ewigen Eis und die damit verbundenen starken Reflektionen durch die Sonne haben Eisbären fast schwarze Augen. Das ist typisch für Tiere der Arktis und Antarktis. Ihr Seh- und Hörvermögen sind mindestens ebenso gut ausgebildet wie beim Menschen. Die Nase ist sogar so fein entwickelt, dass Eisbären einen etwa 100 000mal besseren Geruchssinn als Menschen haben. Eisbären können eine tote Robbe noch aus 20 Kilometer Entfernung wittern.

Eisbären, die sich im Laufe ihrer Evolution zu fast reinen Fleischfressern zurückentwickelt haben, besitzen ein noch dichteres Fell als Braun- oder Schwarzbären. Wie eine Art Glasfaserkabel leitet es das Licht auf die darunter liegende, schwarze Haut weiter, wo es in Wärme umgewandelt wird. Ohren und Schwanz sind deutlich kleiner als bei anderen Bären, um den Wärmeverlust so gering wie möglich zu halten.

Eisbären sind wie alle Großbären Sohlengänger. Da die Tatzen des Eisbären relativ breit sind, verteilt sich sein hohes Gewicht auf dünnem Eis, so dass er nicht so

Eigentlich führen Eisbären ein Leben als Einzelgänger. Treffen junge Männchen aufeinander, kommt es sehr oft zu spielerischen Rangordnungskämpfen, die meistens an Intensität zunehmen. Ihre perfekte Wärmeisolation kann bei diesen Kämpfen allerdings zum Problem werden. Bei längerer intensiver Bewegung überhitzen Eisbären sehr leicht und müssen sich danach auf dem Eis weit ausgebreitet abkühlen.

Bei extremen Wetterverhältnissen lassen sich Eisbären einfach einschneien und trotzen so auch stärksten Schneestürmen. Ihre Fellhaare sind innen hohl, was zusätzlich zur dicken Fettschicht für eine hervorragende Wärmeisolation sorgt. Eisbären sind so perfekt isoliert, dass man sie mit Wärmebildkameras nicht orten kann. Selbst ihre Fußsohlen sind dicht behaart.

schnell einbricht. Die breiten Pfoten erleichtern außerdem das stundenlange Schwimmen im Eiswasser. Die Vorderpfoten fungieren als Paddel und mit den Hinterbeinen wird gesteuert.

Grizzlys und Eisbären sind sich genetisch so ähnlich, dass sie Nachwuchs miteinander zeugen können, der ebenfalls fortpflanzungsfähig ist. Da jedoch Eis- und Braunbär zu unterschiedlichen Zeiten brünstig werden und sich ihre Lebensräume grundsätzlich unterscheiden, kommt es selten zu Paarungen. Im Jahr 2006 wurde in der kanadischen Arktis ein sehr großer Polarbär-Grizzly erlegt. Genetische Untersuchungen brachten zutage, dass dieses Tier ein Nachkomme in der ersten Generation aus einer Grizzly-Eisbären-Paarung war.

Eisbären sind so perfekt isoliert, dass sie selbst mit einer Wärmebildkamera kaum zu orten sind. Das einzige, was auf einem Bild erkennbar ist, ist eine Kugel vor dem Polarbären – seine Atemwolke.

Eisbären erkunden (*oben*) gern alles Fremde und Unbekannte. Diese Neugierde wird ihnen oft als aggressives Verhalten ausgelegt. Dabei fühlen sie sich lediglich als die uneingeschränkten Herrscher der Arktis, denn sie haben keine natürlichen Feinde. Ihr Verhalten lässt eher auf ein starkes Selbstbewusstsein schließen.

Im Gegensatz (*rechts*) zu allen anderen Bärenarten sind Eisbären fast reine Fleischfresser. Den Hauptbestandteil ihrer Nahrung bilden Robben. Allerdings verläuft nur rund einer von zehn Jagdversuchen erfolgreich. Bei ausgewachsenen männlichen Eisbären ist Kannibalismus nicht ungewöhnlich. Junge Polarbären werden im-

BÄREN UNTER SICH

Aufgrund ihrer Größe brauchen Bären viel Nahrung, um satt zu werden. Ihre Heimatgebiete – man spricht beim Bären nicht von Revier oder Territorium – sind deshalb sehr groß. In den kargen Tundren des hohen Nordens umfassen sie bis zu 500 Quadratkilometer. Zum Vergleich: Das gesamte Stadtgebiet Berlins erstreckt sich über eine Fläche von 900 Quadratkilometern. Diese Heimatgebiete sind nicht klar voneinander abgegrenzt, doch wo es zu Überschneidungen kommt, nehmen die Bären erstaunlicherweise kaum Notiz voneinander. Noch ungewöhnlicher ist es, dass sie ihr Heimatgebiet nicht nachdrücklich verteidigen. Wenn die Nahrung knapp wird, etwa weil eine Bärenpopulation zu sehr gewachsen ist und es dadurch zu Konflikten kommt, wandern sie einfach fort.

Im Norden Sibiriens und Alaskas sowie in Nordkanada schwimmen Bären bei Niedrigwasser sogar viele Kilometer weit zu Inseln, auf denen unzählige Seevögel nisten und ihre Jungen großziehen. Vielleicht haben die Bären die Inseln mit ihrem ausgezeichneten Geruchssinn aufgespürt, vielleicht aber auch von ihrer Mutter gelernt, dass sie sich dort in kürzester Zeit reichlich Speck anfressen können. Solange die Insel sie ernährt, bleiben sie. Bären sind schließlich Opportunisten.

Erst wenn der Energieaufwand, um das letzte Vogelnest ausfindig zu machen, zu groß wird, ziehen sie weiter. Und keinen Tag eher, denn Bären – mit Ausnahme der Eisbären, die sich im Laufe der Evolution einen energiesparenden, fast eleganten Passgang zugelegt haben – tapsen breitbeinig wie ein Übergewichtiger daher, und das kostet viel Kraft.

Wenn sie auf Wanderschaft gehen, laufen sie deshalb selten querfeldein, sondern marschieren wo immer möglich auf Karibuwechseln oder auf uralten Trails, die sie und ihre Artgenossen geschaffen haben: Pfade, die sie mit ihren weit auseinanderstehenden Pranken tief in den Boden eingetreten haben und die mit ihren auf dem Mittelstreifen sprießenden Grasbüscheln einem von Menschen geschaffenen Feldweg täuschend ähnlich sehen.

Bei der Suche nach Nahrung lassen sich Bären – neben ihrem enormen Erinnerungsvermögen – von ihrer extrem feinen Nase leiten. Diese stöbert Erdhörnchen tief im Erdreich oder Muscheln unter einem halben Meter Schlick auf. Mit dem Wind wittert ein Bär andere

Dieser junge Küstenbraunbär (*unten*) ist sechs Monate alt. Im Alter von vier Monaten hat er zum ersten Mal mit seiner Mutter die Winterhöhle verlassen.

Diese Bärin (*rechts*) ist recht abweisend, da sie zum ersten Mal geworfen hat. Es dauert mehrere Tage, bis sie die Nähe eines Menschen zu ihrem einzigen Jungen toleriert.

Lebewesen auf 1000 bis 1200 Meter. Tiere, die krank oder verwundet sind, riecht er auf über 2000, Aas sogar auf 5000 Meter Entfernung.

Die ganze Welt der Bären besteht aus Gerüchen. Gerüche sind bei ihnen abgespeichert wie bei uns Menschen visuelle Eindrücke. Während wir Dinge und andere Menschen am schnellsten an der optischen Erscheinung erkennen, nehmen Bären ihre Artgenossen und andere Lebewesen am Duft wahr; wichtig ist auch die Stimme, das visuelle Bild spielt keine Rolle.

Bären können nur schwarz-weiß sehen. Das bedeutet aber nicht, dass sie schlecht sehen, was oft angenommen wird. Ganz im Gegenteil, man kann erleben, dass Bären auf große Entfernung einen Menschen wahrgenommen haben – und zwar gegen den Wind, so dass sie keine Witterung bekommen konnten –, obwohl dieser Mühe hatte, sie mit bloßem Auge zu erkennen. Für ein Schwarz-Weiß-Sehen spricht auch, dass Tiere, die sich per Geruch sowie Gehör in der Dämmerung und selbst nachts sehr gut orientieren können, kein Farbsehen brauchen.

Wenn man auf Fotos oder in Tierfilmen gelegentlich mehrere Bären zusammen sieht, bedeutet das nicht, dass sich hier eine Bärenfamilie tummelt. Solche Aufnahmen belegen lediglich, dass sich in dem betreffenden Gebiet das Nahrungsangebot konzentriert. Da Bären ein sehr gutes Gedächtnis haben, wissen vor allem die Alten oft auf den Tag genau, wann sie wo Nahrung finden: an welcher Stelle die ersten Beeren reifen, wann in welchen Flüssen die Lachswanderung stattfindet oder in welchen Bergtälern sie auf Kadaver hoffen können, weil an den steilen Hängen häufig Tiere abstürzen beziehungsweise diese im Frühjahr von abgehenden Lawinen ins Tal mitgerissen werden. So ist es auch zu erklären, dass man dieselben Bären immer wieder zur gleichen Zeit am selben Ort sieht – als hätten sie einen festen Terminkalender. Manche dieser Stellen werden zu regelrechten Paarungsgebieten, etwa eine üppige Seegraswiese, auf der Mitte bis Ende Juni, wenn auch die Brunst beginnt, das erste frische, eiweißreiche Grün die Bären anlockt.

Bären untereinander sind nicht sonderlich aggressiv. Auf einer großen Wiese mit frischem Gras oder auf einer weiten Tundramatte mit reifen Beeren geht es recht ruhig zu: Die dominanten Tiere stehen dort, wo es das meiste und beste Futter gibt, und die rangniederen Bären begnügen sich mit den schlechteren Plätzen. Auseinandersetzungen gibt es hauptsächlich um begrenzte Nahrungsquellen, einen Fluss, in dem sich die Lachse im Kreis drehen, einen toten Elch oder ein verendetes Karibu. Und natürlich, wenn sich zwei Männchen um ein paarungsbereites Weibchen streiten.

Wenn es zum Konflikt kommt, ist der meist kurz und heftig und wird oft mit einem Gebrüll ausgetragen, das die Umgebung erschaudern lässt. Ist die Dominanz oder die Rangordnung erst einmal geklärt, wird sie eine ganze Weile nicht mehr in Frage gestellt. Das ist auch gut so, denn mit ihren gewaltigen Fangzähnen und den mächtigen, krallenbewehrten Pranken können sich Bären schwere Verletzungen zufügen.

Aber wie schon erwähnt, gehen sich Bären ohnehin am liebsten aus dem Weg. Sie leben nicht im Rudel, bilden keine Familienverbände – ganz im Gegensatz zum Beispiel zu Wölfen oder Wildschweinen. Der Bär ist als Einzelgänger eines der unsozialsten Wesen der Tierwelt. Bären bilden nicht einmal Zweckgemeinschaften, es sei denn, man wolle die Paarung, nach der sich Weibchen und Männchen sofort wieder trennen, als solche bezeichnen.

Die einzige soziale Bindung gibt es zwischen Mutter und Kind. Diese findet ein jähes Ende, wenn die Halbwüchsigen von der Mutter in die Selbständigkeit entlassen werden, was oft nichts anderes heißt, als dass sie brutal vertrieben werden. Die Jungen sind dann plötzlich auf sich allein gestellt und wissen mit ihrer Freiheit oft nicht viel anzufangen. Es ist die gefährlichste Phase im Leben eines jungen Bären. Der Obhut und dem Schutz der Mutter beraubt, körperlich noch nicht voll ausgewachsen und ohne eigenes Heimatgebiet werden Jungbären besonders in dieser Zeit zur Beute ihrer Artgenossen. Oft sieht man Geschwister noch mehrere Jahre nach der Trennung von der Mutter gemeinsam umherziehen. Die starke Ausrichtung aufeinander und der geschwisterliche Zusammenhalt lösen sich aber spätestens mit dem Beginn der Geschlechtsreife. Dann muss jeder Bär seine eigenen Wege gehen.

Braunbären sind Einzelgänger und gehören mit zu den unsozialsten Säugetieren. Feste Bindungen gibt es nur zwischen der Mutter und ihrem Nachwuchs.

Derselbe Jungbär wie auf Seite 50 im Alter von drei Jahren. Obwohl er noch nicht ganz ausgewachsen ist, hat er bereits große Pranken mit langen Krallen. Sein Kopf hat sich auffallend hell gefärbt. Bei jungen Bären ist es sehr schwer zu beurteilen, wie die endgültige Fellfarbe aussehen wird.

Eine junge Grizzlybärin (*folgende Doppelseite*) versucht, Lachse zu jagen. Je tiefer das Wasser, desto geringer ist die Chance, einen Fisch zu erbeuten. Was auf diesem Bild so spielerisch aussieht, bedeutet für den Bären einen hohen Energieaufwand. Bei ungeübten oder ungeschickten Tieren führt manchmal erst jeder 25. Jagdversuch zum Erfolg.

Bei Krankheiten (*oben*) fressen manche Braunbären verstärkt bestimmte Kräuter, um sich zu kurieren. Indianer verfolgten schon immer kranke Bären, um zu beobachten und herauszufinden, welche Heilpflanzen sie zu sich nehmen. Sie nutzten diese dann selbst zur Linderung ihrer Krankheiten.

An bestimmten Bäumen (*rechts*) hinterlassen Braunbären für ihre Artgenossen Markierungen, die die Funktion von Nachrichten haben. In erster Linie geht es dabei um die Dominanz im Heimatgebiet. Je weiter oben ein Bär seine Kratz- oder Duftspuren an einem Baum hinterlassen kann, desto höher steht er in der Rangordnung. Durch das Reiben, speziell des Nackens, an diesen Botenbäumen kann der Bär auch andere Informationen hinterlassen, wie zum Beispiel: Ich bin krank, bald bin ich in Paarungsstimmung, an und in mir leben viele Parasiten oder ich bin ein altes und schwaches Tier. Bären leben in einer Welt, die in erster Linie aus Düften und Gerüchen besteht. Für uns Menschen ist es fast unvorstellbar, wie präzise der Bär seine Welt über den Geruch wahrnimmt.

Die Augen des Bären (*Seite 58 und 59*) sind, wie bei fast allen Raubtieren, sehr klein und stark nach vorne gerichtet. Als Jäger ist seine Wahrnehmung in eine Richtung konzentriert. Fluchttiere wie Rehe oder Hasen haben deutlich größere Augen sowie ein größeres Sehfeld, da die Augen seitlich sitzen. Oft wird Bären fälschlicherweise Kurzsichtigkeit unterstellt. Beobachtet ein Bär einen Punkt sehr genau, kann er auf große Entfernung Veränderungen und Bewegungen wahrnehmen.

Ein Braunbär sieht nicht aus wie der andere. Bären haben unterschiedliche Gesichter, die stark variieren. Über viele Jahre habe ich gelernt, einen Großteil der Tiere an ihren Gesichtern wiederzuerkennen. Dafür fotografiere ich die mir bekannten und neu entdeckten Bären jedes Jahr mindestens einmal, möglichst im Porträt- oder Halbporträtformat. Mittlerweile ist aus diesen Steckbriefbildern eine umfangreiche Sammlung geworden. Einige Bären kenne ich schon seit zwölf Jahren. Häufig haben sie sich in ihrer Statur und Fellfarbe stark verändert, aber ihr Gesichtsausdruck ist derselbe geblieben. Im Frühjahr sind die Bären schwer wiederzuerkennen, denn dann kommen sie zum Teil stark abgemagert aus ihren Winterhöhlen, Fell und Krallen sind lang gewachsen.

Ein und dieselbe Bärin (*Seite 62 und 63*) im Abstand von zwei Monaten fotografiert. Auf dem linken Bild ist die Bärin etwa 40 Kilogramm schwerer und völlig entspannt. Auf dem rechten Bild hat das Tier ein nasses Fell und beobachtet sehr angespannt einen Eindringling, der an ihrem Lieblingsfischplatz ebenfalls auf Lachse Jagd machen will.

Die Aleutenküste Westalaskas (*vorhergehende Doppelseite*) ist übersät mit Treibholz, das aus dem gesamten nordpazifischen Raum stammt. Das vom Salzwasser ausgeblichene Holz ist oft jahrelang im Meer unterwegs. Der Gezeitenhub, das heißt der Unterschied zwischen Ebbe und Flut, beträgt zur Zeit des Vollmonds bis zu elf Meter. Zweimal am Tag fallen große Wattflächen trocken. Die Bären nutzen diese zur Nahrungssuche.

Durch die starken Meeresströmungen werden aus dem nördlichen Pazifik nicht nur Treibholzstämme angespült, sondern mittlerweile leider auch Zivilisationsmüll. Die Bären wissen das und einige von ihnen suchen regelmäßig die Küste nach vermeintlich fressbarem Strandgut ab.

Ein weißer Grizzly ist ausgesprochen selten und noch viel seltener als ein weißer Schwarzbär (Kermodebär) aus den subarktischen Regenwäldern Britisch Columbias. Der weiße Grizzly ist aber kein Albino, sonst wären seine Augen rötlich und sein Nasenschwamm rosa gefärbt. Dieses vier Jahre alte Männchen ist extrem selbstbewusst, und wenn es um die Dominanz an einem Futterplatz geht, setzt es sich selbst gegenüber älteren Artgenossen durch. Die First Nations People aus der Region, in der dieser Bär umherwandert, verehren ihn wie ein gottgleiches Wesen. Einige unterhalten sich nur im Flüsterton über ihn, so groß ist ihre Ehrfurcht.

Der Spieltrieb bei Jungbären (*folgende Doppelseite*) ist stark ausgeprägt – alles was sie tun, geschieht spielerisch. Die Neugierde der Bärenkinder kennt keine Grenzen und manchmal entfernen sie sich auf Erkundungsgängen oder im Spiel zu weit von der Bärin. Droht dann Gefahr durch Artgenossen, suchen sie ihr Heil meist in der Flucht auf Bäume oder Felsen. Durch ihr geringes Gewicht sind junge Braunbären sehr gute Kletterer, was mit zunehmendem Alter und Gewicht nicht mehr der Fall ist.

Bären sind, wie viele andere Beutegreifer auch, nachtaktiv. Geschlafen wird immer dann, wenn Müdigkeit aufkommt. So sieht man Bären häufig am Tag ein Nickerchen machen.

Werden Bären in der Dunkelheit (*oben*) von künstlichen Lichtquellen angestrahlt, reflektieren ihre Augen. Bären können, wie andere Raubtiere auch, nur schwarz-weiß sehen. Ein Sehen von Farben ist auch nicht notwendig, da die Hauptwahrnehmung über Nase und Gehör läuft. Außerdem werden viele Beutegreifer erst in der Dämmerung oder während der Nacht aktiv. Sie gehen also auf Jagd, wenn die Farbwelt keine Rolle mehr spielt.

Als Allesfresser (*rechts*) haben Braunbären kein typisches Raubtiergebiss, das nur aus Schneide- und Fangzähnen besteht. Die Backenzähne sind abgeflacht und besitzen zur Anpassung an die Pflanzennahrung breite und flache Kronen.

Das Fell (*links*) der Braunbären ist generell durch ein dichtes Unterhaar charakterisiert, die Deckhaare sind lang. Jahreszeitliche Veränderungen zeigen sich auch am Fell. So ist das für die kalten Monate angelegte Winterfell dicht und rau und erweckt einen zotteligen Eindruck. Das Gewicht (*rechts*) von Braunbären hängt sehr stark von ihrem geografischen Verbreitungsgebiet, dem Klima und dem Nahrungsangebot ab. In allen Populationen sind die Männchen deutlich schwerer als die Weibchen. Dieses Weibchen fischte viele Wochen an einem ergiebigen Lachsfluss. Ihr Gewicht dürfte deutlich über einer halben Tonne liegen.

Gewichtsschwankungen bei Bären sind jahreszeitlich bedingt. Am schwersten sind Bären, wenn sie sich im Herbst zur Winterruhe zurückziehen.

Im Oktober (*vorhergehende Doppelseite*) nimmt das Tageslicht im arktischen Norden täglich um etwa 20 Minuten ab. In der Abenddämmerung – hier in der Bucht von Toulik auf den Aleuten in Alaska – erscheinen die Küstenbraunbären im Wasser als Silhouetten. Wenn die Tage kürzer werden, bereiten sich die Bären auf die Winterruhe vor, indem sie sich Fettreserven zulegen.

Die lange Mutterbindung der Bärenjungen (*oben*) und ihre langsame Entwicklung ermöglichen es ihnen, das Verhalten der Mutter genau zu beobachten und zu erlernen. Dies spielt vor allem für die eigenständige Nahrungssuche eine große Rolle. Ähnlich wie bei uns Menschen (*rechts*) ist eine sitzende, leicht nach vorne gebeugte Körperhaltung auch für Bären sehr bequem. Gerade korpulente Tiere verharren oft stundenlang in dieser Position.

Bären besitzen einen ausgeprägten Orientierungssinn. Selbst wenn man sie Hunderte von Kilometern von ihrem Heimatgebiet entfernt aussetzt, finden sie wieder zurück.

Die romantische Stimmung am Naknek See im Westen Alaskas trügt. Jedes Jahr vernichten riesige Buschfeuer Tausende Quadratkilometer Taigawald. Dies ist ein natürlicher und normaler Prozess der Walderneuerung. Noch Hunderte Kilometer von den Waldbränden entfernt liegt der Rauch in der Luft und taucht die Sonnenstrahlen in ein dramatisches Licht.

Diesem Küstenbraunbären (*links*) sieht man sein Alter an. Er dürfte über 30 Jahre alt sein – das Höchstalter für Braunbären in freier Wildbahn. In Gefangenschaft wurden Braunbären mit der nötigen tierärztlichen Fürsorge und einer optimalen Ernährung sogar 45 Jahre alt. Oft leiden alte Bären an Arthrose und bewegen sich nur noch steifbeinig sowie langsam. Typisch für sie sind außerdem ein räudig aussehendes Fell, abgeknickte Ohren, ein von Narben zerfurchtes Gesicht, besonders bei den Männchen, und braungelbe, völlig abgenutzte Fangzähne.

Als einzige Raubtiere (*oben*) haben Bären nur einen kurzen Schwanz. Außerdem besitzen sie keine Tasthaare im Gesicht. Ihr bestes Sinnesorgan ist die Nase. Die Augen sind im Verhältnis zur Kopfgröße auffallend klein und wie bei allen Raubtieren stark nach vorne ausgerichtet, so dass das Sehfeld sehr begrenzt ist. Die Sehleistung entspricht ungefähr der von uns Menschen. Ein artspezifisches Merkmal ist der muskulöse Buckel über den Schultern, der den Vorderbeinen zusätzliche Kraft verleiht.

FAMILIE BÄR

Bei Bären gibt es keine klassische Familie, sondern nur eine alleinerziehende Mutter und die Jungen eines Wurfs. Erst wenn sich diese Familie aufgelöst hat, wird die Bärin wieder empfängnisbereit.

Die Paarung bei Bären ist höchst kompliziert. Da in den weitläufigen Gebieten, in denen Bären leben, nicht immer gewährleistet ist, dass zur richtigen Zeit ein paarungsfähiges und vor allem -williges Männchen zur Stelle ist, signalisiert die Bärin über einen ganz eigenen Duft im Harn bereits frühzeitig, dass sie bald brünstig sein wird. Trifft ein Bär auf eine solche betörende Duftnote, nimmt er sie auf und folgt ihr. Sobald er die Bärin, die die Spur legte, gefunden hat, lässt er sie nicht mehr aus den Augen. Er schläft und frisst kaum noch. Wenn sie ruht, ruht auch er – aber stets mit einem wachen Auge. Irgendwann kommt der Tag, an dem er kopulieren darf. Das erste Mal führt noch nicht zur Befruchtung, denn erst nach mehrmaliger Begattung wird bei der Bärin der induzierte Eisprung ausgelöst. Damit nicht genug, ist die Zeit der Empfängnisbereitschaft auch noch sehr kurz.

Bären paaren sich, wenn sie richtig in der Brunst sind, über mehrere Tage drei- bis viermal täglich. Die Männchen, deren Penis im Verhältnis zu ihrer Körpergröße sehr klein ist, müssen dazu dank eines Penisknochens keine Erektion bekommen. Bei der Vereinigung beißt das Männchen das Weibchen in den Nacken und hält es fest. Nach der Paarung geschieht etwas Außergewöhnliches: Die befruchteten Eizellen nisten sich in der Gebärmutterschleimhaut ein und ruhen dort bis zum Herbst. Erst wenn die Bärin in die Winterruhe geht, entscheidet sich das weitere Schicksal der Eizellen. Hat sich die Bärin zu wenig Fettreserven angefressen, wodurch nicht nur ihr Überleben, sondern auch das des Nachwuchses gefährdet wäre, sterben die Eizellen ab. Ist sie hingegen wohlgenährt, wachsen die Eizellen zu Embryonen heran. Die Wahrscheinlichkeit, dass die Jungen den ersten Winter überleben, ist sehr hoch.

Die durchschnittliche Wurfgröße liegt bei Schwarzbären bei zwei bis drei, bei Braun- und Eisbären bei zwei Jungen. Ganz selten gibt es eine Eisbärin mit drei und eigentlich nie mit vier Kleinen. Auch bei Braunbären sind vier Junge, wie auf der vorhergehenden Doppelseite abgebildet, die absolute Ausnahme.

Aufmerksame und starke Bärinnen (*unten*), die ein großes Selbstbewusstsein haben, verlieren in den ersten drei Lebensjahren meist keines ihrer Jungen. Es gehört zur natürlichen Auslese und somit zur Evolution, dass sich nur die Stärksten behaupten können und zum gesunden Fortbestehen der Art beitragen.

Auch Bärinnen mit ihrem Nachwuchs (*rechts*) suchen regelmäßig bestimmte Bäume auf, an denen sie über Kratzspuren und durch Reiben des Fells ihre Visitenkarte hinterlassen.

Von allen Säugetierarten haben Bären im Verhältnis zu ihrem Körpergewicht die kleinsten Neugeborenen: Sie sind gerade mal meerschweinchengroß. Das ist nicht weiter verwunderlich, da die eigentliche Tragzeit nur etwa 60 Tage beträgt. Braun- und Eisbären wiegen bei der Geburt (meist im Januar) etwa 500 Gramm, Schwarzbären – die Geburt liegt zwischen Januar und Februar – sogar noch etwas weniger. Alle neugeborenen Bären sind blind und so dünn behaart, dass sie auf den ersten Blick wie nackt wirken. Alles in allem nicht die besten Voraussetzungen, die kälteste Zeit des Jahres zu überstehen. Die Bärin muss die Winzlinge nun bis zum Frühling, der je nach Region zwischen April und Mai einsetzt, allein von ihren Körperreserven ernähren – in den nördlichsten Gebieten fast ein halbes Jahr lang. In dieser Zeit nimmt sie weder Futter noch Wasser zu sich. Sie bleibt in der Höhle, säugt die Jungen und leckt sie sauber.

Bärinnen haben als einzige Säugetiere die Fähigkeit, den Harnstoff ihres Nachwuchses, den sie ständig ablecken müssen, um die Höhle sauber zu halten, in Aminosäuren, also in Eiweiße, umzuwandeln. Wir Menschen würden uns dabei innerhalb kürzester Zeit vergiften. Welche biochemischen Vorgänge dabei ablaufen, versucht die Wissenschaft noch zu ermitteln.

Obwohl Bärinnen maximal vier Junge gebären, haben sie sechs Zitzen, vier an der Brust und zwei am Bauch. Allerdings wurde noch nicht beobachtet, dass letztere genutzt werden, offenbar, weil die vier oberen Zitzen viel mehr Milch geben. Jedes Junge hat „seine" Zitze und dank der extrem fetten Muttermilch legen die Kleinen rasch an Gewicht zu. Wenn sie die Höhle zum ersten Mal verlassen, wiegen sie bereits vier bis sechs Kilogramm. Immer länger werden diese Ausflüge. Die kleinen Bären nehmen dann neben der Muttermilch – im ersten Jahr werden sie durchschnittlich viermal pro Tag gesäugt – erstmals auch feste Nahrung zu sich. Bei Eisbären sind das in erster Linie Robben, bei Braun- und Schwarzbären ist es zunächst vorwiegend Gras, kann aber auch Fallwild sein. Zu Beginn des Sommers kommen Lachse dazu, die die Mutter fängt. Hat die Mutter ein gutes Nahrungsangebot und produziert sehr viel nahrhafte Milch, gewinnen die Kleinen schnell an Gewicht. In Alaska und auf Kamtschatka wogen knapp

einjährige Junge der dortigen Küstenbraunbärpopulationen 75 bis 80 Kilogramm.

Braunbären, die dank günstiger äußerer Umstände schnell wachsen und gedeihen, werden nach zwei bis drei Jahren aus der Obhut der Mutter entlassen. Im Norden Alaskas, Kanadas und Sibiriens hingegen, in der Heimat der Tundragrizzlys, wo es wenig Nahrung gibt

und die Bären überwiegend vegetarisch leben, die Mütter nicht so viel Milch produzieren können und die Winterruhe extrem lang ist – bis zu sieben Monate –, bleiben die Jungen bis zu vier Jahre bei der Mutter. Eisbären werden – je nach Nahrungsangebot – ebenfalls zwischen zwei und vier Jahren geführt, Schwarzbären hingegen nur ein gutes Jahr.

Die Sterberate bei Jungbären ist sehr hoch. Fast ein Drittel der Kleinen erleben das erste Lebensjahr nicht. Speziell Jungbärinnen, die ihren ersten Wurf führen, verlieren häufig ihren Nachwuchs. Der Hauptgrund sind Bärenmännchen, die die Jungen töten.

Verliert eine Bärin ihren gesamten Wurf, steht sie meist noch im selben Jahr wieder zur Paarung bereit. Der Höhepunkt der regulären Paarungszeit liegt in den Monaten Mai und Juni.

Der Höhepunkt der Paarungszeit (*oben*) liegt zwischen Ende Juni und Mitte Juli. Treffen zwei gleich starke rivalisierende Männchen aufeinander, kommt es zum Kampf um das Weibchen. Diese Kämpfe werden mit unglaublicher Härte geführt. Gelegentlich verendet sogar einer der Kontrahenten an den Folgen. Alte Bärenmännchen sind im Kopfbereich meistens stark vernarbt, haben zerrissene Lefzen und nicht selten fehlt ihnen ein Ohr.

Oft verfolgt und umwirbt das Männchen (*rechts*) tagelang die Bärin, bis sie die erste Kopulation zulässt. Braunbären können sich eine lange Paarungszeit leisten, denn nach der Befruchtung verharrt die Eizelle in einem Ruhezustand. Erst zu Beginn der Winterruhe entscheidet die körperliche Verfassung der Bärin, ob sich die befruchteten Eizellen zu Embryonen entwickeln oder abgestoßen werden.

Bärinnen, die früh im Jahr ihre Jungen verlieren, sind oft innerhalb weniger Wochen wieder paarungsbereit. Es wurden schon Paarungen im September und Oktober beobachtet, obwohl das Weibchen noch kurz zuvor mit ihrem Nachwuchs durch das Heimatgebiet gestreift war.

Bei einem sehr guten Nahrungsangebot (*folgende Doppelseite*) können junge Braunbären ihr Geburtsgewicht im ersten Lebensjahr auf über das Hundertfache vervielfachen. Den Rekord hält ein Jungbär vom Brooks River in Alaska, der bereits im Alter von zehn Monaten 57 Kilogramm wog.

Schwarzbären leben wie alle Großbären, von Bärinnen mit Jungen abgesehen, als Einzelgänger. Im Gegensatz zu Braun- und Eisbären, die ihre Jungen zwei bis vier Jahre aufziehen, führen Schwarzbärenmütter ihren Nachwuchs nur ein gutes Jahr. Dementsprechend häufiger kommen sie in die Brunst und können dadurch mehr Nachwuchs großziehen. Im Durchschnitt haben Schwarzbären zwei bis drei Junge. Diese Bärin hat nur ein Junges, das durch Nahrung und Muttermilch im Überfluss überdurchschnittlich groß gewachsen ist.

Oft gehen Bärenmütter mit ihrem ersten Nachwuchs recht sorglos um. Es scheint so, als ob sie der Verantwortung noch nicht gewachsen sind, Gefahren unterschätzen und es an Fürsorge fehlen lassen. Diese Mutter allerdings ist ganz das Gegenteil. Schon ihre Mutter war eine umsichtige und selbstbewusste Bärin. Diese Eigenschaften gab sie an ihre Jungen weiter, wovon jetzt wiederum deren erstes Junges profitiert.

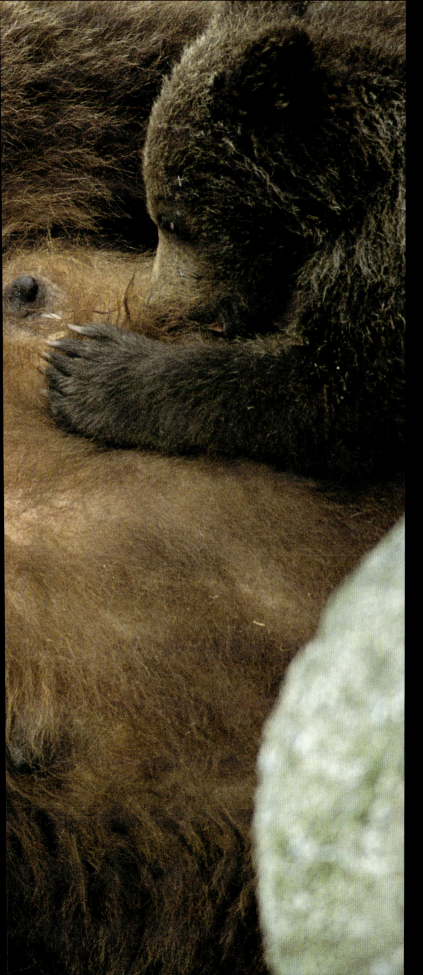

Jedes Junge hat seine Zitze, aus der es trinkt. Die gehaltvolle Muttermilch lässt es schnell an Gewicht zunehmen.

Eine Braunbärin hat sechs Zitzen, vier an der Brust und zwei am Bauch. Der neugeborene Nachwuchs findet aufgrund der Wärmeabstrahlung problemlos die Milchquelle. In den folgenden Monaten nehmen die Jungen mehr als zwei Pfund pro Monat zu und wiegen Mitte Mai, wenn sie mit ihrer Mutter aus dem Winterquartier kommen, vier bis sechs Kilogramm. Die Milch zeichnet sich durch einen hohen Protein- (6–17%) und Fettgehalt (20–40%) aus.

Eine Bärin säugt ihre Jungen mindestens zwei Jahre lang, auch wenn sich ihr Nachwuchs bereits in seinem ersten Lebensjahr zusätzlich von Gräsern, Beeren, Kräutern, Fisch und Aas ernährt. Solange der Nachwuchs noch klein ist, dauert das bis zu viermal tägliche Säugen sieben bis neun Minuten. Später, wenn die Jungen älter und kräftiger sind, verringert sich die Stillzeit. Auch die Stillmahlzeiten reduzieren sich auf zwei pro Tag.

In der Regel bleiben die Jungen zweieinhalb Jahre bei der Mutter. Spätestens im dritten Sommer entwöhnt die Bärin ihre Jungen vom Säugen und beginnt sie zu vertreiben. Dieses aggressive Verhalten der Mutter gegenüber ihren Jungen wird aller Wahrscheinlichkeit nach durch einen natürlichen Hormonanstieg ausgelöst, denn nur wenige Wochen später kann man sie wieder in Begleitung eines paarungsbereiten Männchens sehen.

Spielen ist für junge Bären genauso wichtig wie für Menschenkinder. Da Bären weder Herdentiere sind noch in Rudeln leben, ist der soziale Kontakt zwischen den einzelnen Individuen sehr gering. Nur die Mutter-Kind-Beziehung bildet eine Ausnahme. Ein Großteil ihres Verhaltens ist den Bären schon angeboren, das heißt instinktiv vorhanden. Trotzdem kann man junge Braunbären als echte Nesthocker bezeichnen. Ohne die Fürsorge und den Schutz der Mutter hätten sie keine Überlebenschance.

Am Ende der Kinderaufzucht sind Bärinnen oftmals reine Nervenbündel. Eine lange Säugephase, immer auf der Hut zu sein vor aggressiven Männchen, die Sorge um ausreichend Nahrung und die Erziehung der Jungen hinterlassen deutliche Spuren. Am Ende ihrer gemeinsamen Zeit konnte beobachtet werden, dass sich die Mütter weit von ihren Jungen entfernen und ihr Schutzinstinkt deutlich nachlässt.

Junge Braunbärenkinder (*folgende Doppelseite*) sind keineswegs wasserscheu. Schon mit gut einem halben Jahr begleiten besonders unternehmungslustige Sprösslinge ihre Mutter beim Lachsfang. Im Idealfall läuft die Lektion so ab, dass die Mutter einen Fisch fängt, der noch voller Lebenskraft ist, und ihn an ihre Jungen weitergibt, die ihn dann töten.

*Früh übt sich, wer ein Meister werden will.
Bereits im Alter von gut einem halben Jahr lehrt die
Bärenmutter ihren Jungen den Lachsfang.*

Ein Weibchen mit Jungen benötigt bis zu 20000 Kilokalorien am Tag (der Mensch zum Vergleich rund 2000 Kilokalorien täglich), um den Nachwuchs großzuziehen und zusätzlich Fett für den nächsten Winter anzulegen. Wenn sich manche Bären im Spätherbst in ihre Höhlen zurückziehen, besteht ihr Körper bis zu 50 Prozent aus Fett. In den Wochen vor der Winterruhe sind sie die reinsten Fressmaschinen. Obwohl sich während der Winterruhe der gesamte Stoffwechsel um etwa die Hälfte verlangsamt, verlieren die Tiere in dieser Zeit bis zu 30 Prozent ihres Körpergewichts, Weibchen mit Jungen sogar bis zu 40 Prozent.

Braun- und Eisbären haben von allen Säugetieren die kleinsten Neugeborenen im Verhältnis zum eigenen Körpergewicht. Wenn die Jungen zwischen Dezember und Februar in den Winterhöhlen geboren werden, sind sie fast nackt, blind und bei einem Gewicht von 500 Gramm nur etwa meerschweinchengroß. Da die Bärin die Höhle im Winter nicht verlässt, produziert sie ihre Muttermilch aus körpereigenen Reserven und das mehrere Monate lang. Kommen die Jungbären im Mai das erste Mal aus der Höhle, hat sich ihr Geburtsgewicht zum Teil schon verzwanzigfacht. Dann beginnen sie sofort feste Nahrung zu sich zu nehmen. Von dem außergewöhnlich großen Wurf von vier Jungen konnte die hier gezeigte Bärin drei Sprösslinge großziehen. Die Jungen sind ihrer Mutter wie aus dem Gesicht geschnitten.

Bären (*folgende Doppelseite*) legen auch im täglichen Leben immer wieder längere Ruhephasen ein. Es ist kein echter Schlaf, denn sie nehmen ihre Umwelt noch ganz klar wahr. Die eigentliche Tiefschlafphase eines Bären dauert nur wenige Minuten am Tag. Es ist keine gute Idee, sich einem Bären in dieser Zeit zu nähern. Ein aufgeschreckter Bär geht in der Regel erst einmal in Angriffsposition, was für den Menschen fatale Folgen haben kann.

Bärenkinder nehmen den Charakter der Mutter an: Bären, deren Mutter furchtsam und unsicher ist, werden ebenfalls ängstlich und konfliktscheu. Die Jungen einer selbstbewussten, kämpferischen Mutter hingegen werden willensstark und furchtlos.

Etwa 15 Prozent aller Bärenweibchen führen ihre Jungen noch ein drittes oder sogar viertes Jahr. Oft sind es kleine und schlecht ernährte Jungtiere, die den Mutterinstinkt länger wachhalten.

Das weiße Grizzlyjunge (*folgende Doppelseite*) wirkt wie vereist. Mit seinem weichen Fell verkörpert es den Inbegriff des Kuschelbären. Zunächst war „Frosty" – wie ich ihn nannte – sehr wasserscheu, was sich allerdings schnell änderte.

Eine Eisbärenmutter (*oben*) mit ihrem fast dreijährigen Jungen. Eisbären haben wie auch Braunbären eine geringere Fortpflanzungrate als die meisten Säugetiere. Die Weibchen bringen erstmals im Alter von vier bis sechs Jahren Junge zur Welt. Zwischen zwei aufeinanderfolgenden Würfen liegen mindestens drei Jahre, da die Jungen etwa 30 Monate bei der Mutter bleiben. Bei einer Lebenserwartung von ungefähr 20 Jahren pflanzt sich daher ein Weibchen in seinem ganzen Leben nur vier- bis sechsmal fort.

Eisbären wandern viel (*rechts oben und unten*) und legen dabei riesige Entfernungen zurück. Während seines Lebens kann ein Tier im Durchschnitt 260 000 Quadratkilometer arktische Wildnis durchqueren. Auf Wanderschaft laufen die Tiere mit einer Durchschnittsgeschwindigkeit von vier Kilometern pro Stunde. In Bedrängnis können sie 45 Kilometer schnell rennen. Ihre größte Aktivität zeigen sie bei Temperaturen zwischen minus 15 und minus 20 Grad. Mit ihren breiten Tatzen können sie wie auf Schneeschuhen auch durch tiefen Schnee laufen. Es wurde schon ein Eisbär gesehen, der im Norden Alaskas entlang einem zugefrorenen Flusslauf über 90 Kilometer in das Landesinnere gewandert war.

Bei der jungen Mutter (*folgende Doppelseite*) war der Spieltrieb noch sehr deutlich ausgeprägt. Die junge Bärin ließ keine Gelegenheit aus, mit ihrem Nachwuchs herumzutollen. Da es ihr erstes und einziges Junges war, hatte es keine Möglichkeit mit seinen Geschwistern zu spielen. So ließ es keine Gelegenheit aus, instinktiv fürs Leben zu lernen. Im kindlichen Spiel der Bären werden nicht nur Muskeln und Ausdauer trainiert, sondern es geht auch um Dominanz, Rangordnung, Durchsetzungsvermögen und Selbstbewusstsein.

Da Bären als Einzelgänger leben und feste Bindungen nur zwischen der Mutter und ihren Jungen bestehen, ist eine über das Grundlegende hinausgehende Kommunikation nicht notwendig. Bären besitzen weder eine ausgeprägte Körpersprache noch ein komplexes Lautrepertoire. Die Gesichtsmuskulatur erlaubt keine Mimik, die Ohren sind relativ klein und der Stummelschwanz ist zur Signalgebung ungeeignet.

Bärenmütter vertreiben ihre Jungen immer im Frühjahr.
Vor der großen Freiheit verbringen Mutter und Junge noch eine
gemeinsame Winterruhe.

Nahrungsknappheit ist der Hauptgrund für die winterliche Ruhepause der Bären. Je näher die dunkle und kalte Jahreszeit rückt, desto spärlicher steht eine gehaltvolle Kost zur Verfügung. Es wird dann nicht mehr lange dauern, bis sich die Familie in ihre Winterhöhle zurückzieht. Je besser genährt die Jungen und ihre Mutter in die Ruhephase gehen, desto größer ist die Chance, den Winter unbeschadet zu überstehen.

Noch drei Sekunden bis zur Flucht: Die Bärin und eines ihrer Jungen haben ein bedrohlich wirkendes Männchen entdeckt. Bären sind im Gegensatz zu Wölfen oder Löwen nicht sehr kommunikationsfähig und verfügen nur über eine kleine Anzahl von Lauten. Ein Klappern mit dem Unterkiefer und stoßartiges Ausatmen signalisieren dem Umfeld Gefahr und höchste Erregung. Auch wenn Menschen in den magischen Zirkel eines Bären oder einer Bärenfamilie eindringen, werden diese Warnlaute ausgestoßen.

Wer schon einmal (*folgende Doppelseite*) in den Sommermonaten in der nördlichen Hemisphäre war, wird sich bestimmt noch sehr gut an die Heerscharen von Moskitos erinnern. Fast alle Tiere des Nordens haben mit diesen Plagegeistern ihre liebe Not, auch wenn sie für das Ökosystem extrem wichtig sind. Speziell die Mückenlarven sind die Nahrungsgrundlage für viele Fisch- und Vogelarten. Die Jungbären sind durch ihr dichtes und filziges Fell vor den Stechattacken der Moskitos und Blackflys einigermaßen sicher. Nur an der empfindlichen Nase sind sie verletzbar.

Diese Aufnahmen entstanden an der Aleutenküste. Das weit ins Inland gespülte Treibholz markiert die Sturmflutgrenze der schweren See in den Wintermonaten. Auf den dem Meer vorgelagerten Wiesen wächst ein sehr eiweißhaltiges Seegras, das eine solide Nahrungsgrundlage für die Bären bildet. Da es aufwändiger ist, Pflanzen als Fleisch zu verdauen, ist der Magen von Bären im Verhältnis zu ihrer Körpergröße größer als bei Wölfen oder Löwen. Spezialisierte Raubtiere leben ständig zwischen den Extremen des Nahrungsüberflusses und der Hungerperiode. Bären als Generalisten kann das eigentlich nicht passieren. In den Sommermonaten gibt es in fast allen Regionen des Nordens zumindest Grünfutter im Überfluss.

BÄR GEGEN BÄR – KAMPF DER GIGANTEN

Wie alle anderen Tierkinder tollen auch die kleinen Bären gern herum und balgen sich mit den Geschwistern sowie der Mutter. Bei den halbwüchsigen Bären sind diese Kämpfe noch spielerischer Natur, in denen Grenzen ausgelotet werden und sich die Bären auf das Leben in der Wildnis vorbereiten. Ernsthafte Kämpfe kann man nur bei voll ausgewachsenen Bären beobachten.

Kämpfe unter erwachsenen Bären sind allerdings relativ selten. Das liegt zum einen daran, dass Bären in sehr großen Heimatgebieten leben. Zwar überschneiden sich diese Gebiete im Gegensatz zu den meist klar umrissenen und markierten Revieren anderer Tierarten, doch allein aufgrund ihrer Fläche – etwa 200 Quadratkilometer in Regionen, in denen es viele Braunbären gibt, im dünner besiedelten kargen Norden sogar bis zu 500 Quadratkilometer – begegnen sich Bären sehr selten. Zum anderen sind Bären Einzelgänger – Kämpfe um die Rangordnung innerhalb eines Rudels oder einer Rotte gibt es nicht. Schon aus diesem Grund sind Bären recht entspannte und gelassene Wesen, die Konflikte eher durch Imponiergehabe als durch handfeste Auseinandersetzungen klären.

Dieses Bild ändert sich jedoch schlagartig, wenn es um die besten Futterplätze, die erste Nahrung des Jahres oder ein paarungsbereites Weibchen geht. Dann beginnt der Kampf der Giganten und der dreht sich stets um das eine: um Dominanz und Rangordnung. Von ihrer Grundhaltung her sind Bären sehr unterschiedlich; es gibt sehr aggressive, sehr ängstliche, sehr neugierige, sehr zurückhaltende Exemplare, es gibt Bären, die Konflikten am liebsten aus dem Weg gehen, und solche, die sich auf jeden Kampf einlassen – je nachdem, wie sie von ihrer Mutter geprägt wurden. Und es gibt durchaus Weibchen, die allein schon durch ihr Verhalten Dominanz ausstrahlen und sich selbst mit großen Männchen anlegen. Bärinnen geht es dabei in erster Linie um die besten Nahrungsgründe, sei es ein Kadaver, ein einzelnes Fischloch oder eine Stelle, an der es besonders viele Muscheln oder saftige Beeren gibt. Schließlich muss eine Bärin dafür sorgen, dass nicht nur sie, sondern auch ihr Nachwuchs wohl genährt in die Winterruhe geht. Die häufigsten Kämpfe unter Bärinnen sieht man demgemäß auch im Herbst.

Wenn ein dominanter Bär an einem guten Futterplatz auftaucht, ziehen sich die anderen Bären häufig kampflos zurück. Treffen jedoch zwei gleich starke, selbstbewusste,

Was wie eine handfeste Auseinandersetzung aussieht, ist nur ein spielerisches Ausloten der Kräfte und Position. Die beiden jungen Bärenmännchen sind zwar noch nicht geschlechtsreif, aber für das Erwachsenenleben ist es sehr wichtig, schon als Jugendlicher für bevorstehende Kämpfe zu trainieren.

zu allem entschlossene Bären aufeinander, egal ob Weibchen – wobei eine Mutter immer ranghöher ist als eine Bärin, die gerade nicht führt – oder Männchen, kommt es unweigerlich zum Kampf. Diese Kämpfe werden häufig mit enormer Vehemenz und Härte ausgetragen, was bei großen Männchen durchaus zum Tod eines der Kontrahenten führen kann. Bei Weibchen wurde das selten beobachtet, wiewohl auch sie bei ihren Kämpfen Verletzungen in Kauf nehmen. Hat ein Männchen ein anderes im Kampf getötet, wird es den Kadaver oder zumindest Teile davon fressen – grundsätzlich kein ungewöhnliches Verhalten bei Raubtieren, bei Bären allerdings sehr ausgeprägt.

Viele Kämpfe finden zwar während der Paarungszeit statt, trotzdem steht dabei aber nicht unbedingt die Fortpflanzung, sondern die Nahrungsaufnahme im Mittelpunkt. Da in manchen Regionen zur Brunstzeit das erste üppige Seegras sprießt, finden sich die Bären dort zu mehreren ein und konkurrieren um die die besten Fressplätze, notfalls mit Gewalt.

Erstaunlich ist, dass bei Bären auch schwächere Männchen, die Auseinandersetzungen wenn möglich meiden oder einen Kampf verloren haben, durchaus Erfolg bei einem Weibchen haben können. Jüngere Bärinnen bevorzugen meist sogar die jugendlich wirkenden schwächeren Männchen, da sie von der Mutter gelernt haben, dass die gefährlichen älteren Bären Jagd auf Jungtiere machen. Das hat mehrere Gründe: das Überleben der Stärksten sicherzustellen, den innerartlichen Bestand mangels natürlicher Feinde zu regulieren und die Tatsache, dass Weibchen nach dem Verlust ihrer Jungen sehr schnell, meist im selben Jahr noch, wieder brünstig werden. Dies bedeutet allerdings nicht, dass sich eine Bärin mit dem Männchen paart, das ihren letzten Wurf getötet hat – selbst wenn er ihr noch so hartnäckig nachstellt.

Kommt es zu einem ernsten Kampf zwischen zwei Männchen, kann dieser – wie ich selbst erlebt habe – bis zum Äußersten gehen. Der eine Kontrahent war der „Herrscher des Tals", ein etwa 25 bis 30 Jahre alter, extrem schwerer Bär mit knapp 900 Kilogramm Körpergewicht, der normalerweise ein zurückgezogenes Leben führte. Als jedoch ein Männchen auftauchte, das ähnlich groß und massig, aber deutlich jünger war, schätzungsweise 15 bis 20 Jahre alt, gerieten die beiden Bären aneinander und es kam zu einem Kampf, der sich über mehrere Stunden hinzog – von Pausen unterbrochen, aber immer wieder angefacht von der Aggressivität der beiden Kontrahenten und dem Drang nach Dominanz. Bis in weite Ferne konnte man das Kampfgetümmel hören. Am nächsten Tag sah der Kampfplatz wie ein Schlachtfeld aus. Auf einer Fläche von etwa 30 mal 30 Metern

waren Bäume herausgerissen, lagen abgebrochene Äste kreuz und quer, war der Boden aufgewühlt. Der junge Bär hatte starke Bisswunden davongetragen, der alte Bär die Auseinandersetzung mit dem Leben bezahlt. Der Sieger fraß am Kadaver seines Kontrahenten, danach versuchte er, die Reste zu vergraben und seine Beute so in Sicherheit zu bringen. Kannibalismus ist bei Bären nichts Außergewöhnliches. In den folgenden Tagen kamen einige ältere Männchen zu dem toten Bären und fraßen an ihm. Den Lachsen im angrenzenden Fluss schenkten sie keine Bedeutung mehr. Da Bärenfleisch extrem nahrhaft ist, wird es von Artgenossen gern gefressen. Trotzdem betrachten sich Bären gegenseitig nicht als Beute, Tötungen haben immer eine andere Ursache.

Aus der spielerischen Auseinandersetzung wurde langsam ernst. Die beiden jungen Männchen ereiferten sich in ihrer Trainingseinheit fürs Leben dermaßen, dass sie immer aggressiver miteinander umgingen. Nach über einer halben Stunde heftigster Beißerei ließen die beiden urplötzlich voneinander ab. Beide Bären waren verletzt und ihre Körper durch die gute Isolierung überhitzt. Auf getrennten Wegen marschierten sie zum nahen Wasser und kühlten sich längere Zeit ab.

Kommt es zwischen zwei Männchen zum Kampf, wird dieser selten bis zum Äußersten geführt.

Streitereien um Futter sind bei Bären auch in Zeiten des Nahrungsüberflusses an der Tagesordnung. Letztendlich geht es dabei nicht nur um die Beute, sondern vor allem um die Rangordnung an den besten Fangplätzen.

Bei Bären (*folgende Doppelseite*) ist es wie bei vielen Beutegreifern: Größe und Aggressivität eines Tieres bestimmen seine Position in der Rangordnung. Meistens reichen die Körpersprache und ein paar Lautäußerungen schon aus, um die Situation zu klären. Das gilt für das dominante Tier genauso wie für den sich unterwerfenden Kontrahenten.

Bärinnen mit Jungen stehen in der Hierarchie gleich hinter den ausgewachsenen Männchen. Durch ihr häufig aggressives Verhalten setzen sie sich selbst gegen körperlich stärkere Artgenossen durch. Die dunkelbraune Bärin ist der Bärenmutter mit dem fast dreijährigen Jungen zwar körperlich überlegen, aber eine Mutter steht höher in der Rangordnung. Da die dunkelbraune Bärin trächtig ist, muss sie noch jede Menge Winterspeck für sich sowie ihre Ungeborenen ansetzen und beharrt insofern auf dem Fangplatz.

Ein ernster Kampf kann sich über mehrere Stunden hinziehen – unterbrochen von Pausen, aber immer wieder angefacht vom Drang nach Dominanz.

D ie Sterberate (*rechts*) erwachsener Braunbären ist niedrig und liegt bei unter fünf Prozent. Ganz anders sieht es bei Jungtieren aus. In Gebieten mit einer hohen Bärendichte ist der Konkurrenzkampf unter den Tieren deutlich höher. Etwa ein Drittel der Jährlinge erreicht das zweite Lebensjahr nicht. Noch einmal 15 bis 20 Prozent sterben im zweiten Lebensjahr und wiederum 25 bis 30 Prozent der Jungbären, die von ihrer Mutter in die Selbständigkeit entlassen werden, erreichen nie die Geschlechtsreife. Verantwortlich für die meisten Todesfälle sind andere Bären und die Folgen von Unterernährung.

B ei Kämpfen (*folgende Doppelseite*) zwischen ausgewachsenen Männchen sind schwere oder tödliche Verletzungen eher eine Ausnahme. Nur sehr selten haben Bären das Bestreben, einen Kampf auf Leben und Tod zu führen. Meist gibt nach wenigen Minuten einer der Kontrahenten auf und sucht sein Heil in der Flucht.

AUF BEUTEZUG

Kraft, Geschick, Schnelligkeit und Selbstbewusstsein machen den Grizzly zum Spitzenjäger. Mit Hilfe seiner kraftvollen Pranken ist der Bär in der Lage, fast jedes Tier zu erlegen. Warum sich der Bär zum Allesfresser entwickelt hat, zeigt ein generelles Problem bei Raubtieren. Beutetiere sind oft schwer zu fangen oder nur zu bestimmten Jahreszeiten in großer Zahl vorhanden. Ständig leben die Tiere zwischen Nahrungsüberfluss und Hungerperioden. Ist ein Tier erlegt, fressen Beutegreifer bei einer einzigen Mahlzeit bis zu einem Fünftel ihres eigenen Körpergewichts, da bis zum nächsten Beuteerfolg meist viel Zeit vergeht.

Hinsichtlich ihrer Nahrung haben sich Bären häufig der Region angepasst, in der sie leben. In den Tundren Alaskas, Kanadas und Sibiriens oder im unwegsamen Bergland des Himalaja, wo Mangel an Beutetieren herrscht, decken Bären ihren Bedarf an tierischer Nahrung und an Fett hauptsächlich durch Erdhörnchen. Bei Gelegenheit plündern sie ein Vogelnest, und wenn sie großes Glück haben, können sie sich an einem verendeten Tier, einem Dallschaf oder einem Karibu, satt fressen. Ansonsten leben sie vegetarisch. Es gibt sogar Bären, die sich vorwiegend von Gras ernähren und dennoch eine durchaus stattliche Größe erreichen.

Grundsätzlich sind Größe und Kondition eines Bären stark von seiner Nahrung abhängig. Die Grizzlys der Insel Kodiak im Südwesten Alaskas, auch Kodiak-Bären genannt, und die Bären der an Sibirien grenzenden Halbinsel Kamtschatka sind die größten Braunbären der Welt. Kein Wunder, denn diese Riesenbären – Küstenbären generell – haben fast das ganze Jahr über Zugriff auf proteinreiche Nahrung: Fisch, im Speziellen Lachs, den sie auf der Wanderung zu den Laichgründen abfangen, fettes, eiweiß- und mineralstoffreiches Seegras sowie Muscheln, die sie bei Ebbe aus dem Schlick graben, nachdem sie sie mit ihrer feinen Nase zielgenau aufgespürt haben. Oder sie suchen die Küste nach gestrandeten Tieren ab, nach Walen, Seelöwen oder Seehunden. Von dem Kadaver eines gestrandeten Buckelwals können über 30 Bären monatelang leben.

Der reichhaltig gedeckte Tisch führt dazu, dass die Riesenbären von Kodiak und Kamtschatka mit bis zu einer Tonne Gewicht in die Winterruhe gehen. Und da die Winterruhe aufgrund des sehr gemäßigten Klimas gerade mal zwei Monate dauert – in milden Wintern sogar noch kürzer ist –, verlieren die Bären auch nicht so stark an Gewicht wie in anderen Gegenden. In Zentral-

Nordkanada und Alaska sind von unzähligen Gewässern durchzogen und bedeckt. Zur Zeit der großen Lachswanderung zieht es die Bären magisch zu den besten Fischgründen.

alaska etwa dauert die Winterruhe sechs Monate und länger, danach sind die Bären stark ausgezehrt.

Das Zusammenspiel von karger Nahrung, härterem Klima und längerer Winterruhe in der Tundra oder im (Hoch-)Gebirge bewirkt, dass die Bären in diesen Lebensräumen wesentlich kleiner sind und auch deutlich weniger wiegen. Es macht einen enormen Unterschied, ob ein Bär tagtäglich mühsam irgendwelche Wurzeln ausgraben muss, sich von kleinen Beeren, nicht sehr nahrhaftem Gras und nur hin und wieder mal von einem Erdhörnchen ernährt, ob er ein reiches Nahrungsangebot findet oder ob er während des Winters zwei oder sechs Monate von seinen Reserven zehren muss.

Unabhängig von der Region, in der sie leben, und dem Fressen, dem sie während des Jahres frönen, entwickeln Bären kurz vor der Winterruhe eine Vorliebe für bestimmte pflanzliche Nahrung. Sie sammeln dann beispielsweise die Früchte der Wildrose, die Hagebutten, fressen verdorrtes Gras sowie abgestorbene Moose und Flechten. Die trockene, ballaststoffreiche Nahrung hilft ihnen bei der Ausscheidung vor der Winterruhe.

Manche Bären legen auf der Suche nach Nahrung weite Strecken zurück. Ältere Bären etwa wissen genau, in welchen Flüssen die ersten Lachse des Jahres auftauchen und wie sie von dort weiterziehen. Zum Teil greifen sie dabei auf das Wissen der Mutter zurück, das diese an sie weitergegeben hat, zum Teil auf ihre eigene Erfahrung.

Andere Bären suchen jedes Frühjahr systematisch Hänge mit Weiden- und Erlenbüschen ab, weil sie wissen, dass dort Elche ihre Kälber setzen. Die Kleinen, Ableger genannt, bleiben tagsüber alleine; die Mutter kehrt nur zurück, um sie zu säugen – eine leichte Beute für Bären. Ähnlich leicht zu erbeuten sind Karibukälber. Zwar sind Karibujunge keine Ableger, sondern Folger, müssen also gleich nach der Geburt mit der Herde mithalten, doch wer zu schwach oder nicht schnell genug ist, wird zu einem gefundenen Fressen für Raubtiere.

Trotz seiner Statur und Kraft wird sich ein Bär nur selten an einen ausgewachsenen Elch heranwagen, da die Verletzungsgefahr durch Geweihstiche oder Tritte der scharfkantigen Hufe viel zu groß ist. Immerhin wiegt ein Elch bis zu 750 Kilogramm und eine Elchkuh bringt bis zu 600 Kilogramm auf die Waage – mit diesem Gewicht sind sie eine Nummer zu groß für den Bären. Elche sind außerdem sehr schnell. Bären sind zwar auch enorm gute Sprinter – auf kurzen Strecken können sie bis zu 65 Kilometer pro Stunde erreichen, in etwa die Geschwindigkeit eines Rennpferdes –, doch sie halten dieses Tempo nicht lange durch. An schnelle Beutetiere müssen sich Grizzlys deshalb sehr nahe heranpirschen.

Ausgewachsene, gesunde männliche Elche haben vor Braunbären nichts zu befürchten, denn sie sind als Beute zu wehrhaft. Elchbullen allerdings, die in der Paarungszeit von Kontrahenten durch Geweihstiche schwer verletzt wurden, können Bären und Wölfen durchaus zum Opfer fallen. Einmal tötete eine Grizzlybärin eine ausgewachsene Elchkuh. Die Bärin hatte drei Jährlingsjunge und lebte in einem Gebiet ohne nennenswerte Fischgründe. Die Elchkuh hatte ihr Kalb schon einige Wochen vorher durch einen Bärenangriff verloren. Jetzt zog sie ahnungslos mit Rückenwind auf die lauernde Bärin zu. Die Bärin startete den Angriff aus kurzer Entfernung. Mit ihren etwa zwölf Zentnern Gewicht war die Elchkuh nicht in der Lage, schnell genug zu flüchten. So wehrte sie sich mit ihren gefährlichen Hufen. Der Kampf zwischen den beiden Kontrahentinnen dauerte über eine Stunde, bis es der Grizzlybärin endlich gelang, die Elchkuh am oberen Hals zu packen und auf den Boden zu ziehen. Fast drei Wochen lebten die Bärenfamilie, unzählige Kolkraben, Tundrafüchse und ein einzelner Wolf von dem Kadaver.

Andere Tiere sind aus unterschiedlichsten Gründen ebenfalls eine schwierige Beute. Dallschafe etwa leben in stark zerklüftetem, schwer zugänglichem Gelände, sind hervorragende Kletterer, sehr schnell und wachsam. Moschusochsen formieren sich zu einer Art Wagenburg, indem die starken Tiere einen Kreis um die schwachen sowie kleinen Tiere bilden und dem Angreifer die hornbewehrte Stirn bieten.

An den Brooks Falls springt den Bären ihre fette Beute in Form von Lachsen einfach ins Maul. Also einfach abwarten und schon ist der Magen mit proteinreichem Kraftfutter gefüllt.

Einige Bären können es gar nicht erwarten, dass die Lachse die Stromschnellen der Brooks Falls in Alaska erreichen. Die Lachswanderungen finden jedes Jahr, nur wenige Tage abweichend, genau am selben Ort statt. Aus Erfahrung kennen die Bären die besten Fanggründe und anhand der Länge des Tageslichts wissen sie, an welchen Tagen die Fische dort ankommen.

Auf der Lachsjagd ist eine antrainierte Geschicklichkeit und die volle Aufmerksamkeit gefordert. Manche Bären ziehen zum Höhepunkt der Lachswanderung bis zu 50 Fische am Tag aus dem Wasser.

Wenn an den Brooks Falls in Alaska (*vorhergehende Doppelseite*) die ersten Blaurückenlachse eintreffen, sind die Fische noch völlig silbrig gefärbt. Erst nach einigen Wochen im Süßwasser färbt sich ihr Körper rot und ihr Kopf grün. Der Blaurückenlachs heißt in der Indianersprache so viel wie „Der Springer" und diesem Namen macht er alle Ehre. Nur die kräftigsten Fische können den Wasserfall überwinden. Die kalten und sauerstoffreichen Bäche und Flüsse bieten für die Fische ideale Laichbedingungen. Lachse laichen nur an der Stelle, an der sie selbst vor Jahren aus dem Ei geschlüpft sind. Ihr unglaublicher Geruchssinn führt sie fast auf den Meter genau zu ihrem Geburtsort zurück.

Je mehr Lachse den Fluss hinaufziehen, desto mehr Braunbären versammeln sich an den Wasserfällen. Allerdings werden die besten Fangplätze von den ranghohen Tieren beansprucht. Die rangniederen Tiere, besonders junge Männchen und nichtführende Bärinnen, müssen im Kehrwasser ihr Glück beim Fischfang machen. Beim Versuch die Wasserfallbarriere zu überwinden, verschätzen sich viele Lachse. Anstatt jenseits der Kaskaden im ruhigen Wasser zu landen, fallen die Fische mitten in die Wirbel zurück. Die Folge ist, dass sich manchmal Tausende von Lachsen unterhalb des Wasserfalls stauen. Besonders geschickte Bären ziehen zum Höhepunkt der Lachswanderung bis zu 50 Fische pro Tag aus dem Wasser.

Für die Bären der Region sind die Brooks Falls ein Ort, an dem Schlemmerträume wahr werden. Viele Tiere haben ihre eigenen Fangtechniken entwickelt und sind damit sehr erfolgreich. Während die Bären am Anfang der Lachssaison meist noch den ganzen Fisch verspeisen, werden sie im Laufe der Zeit immer wählerischer. Männliche Lachse lassen sie oft wieder ins Wasser fallen. Ihr Fleisch ist nicht so gehaltvoll und ihre Milch (Sperma) enthält kaum Fett und Nährstoffe. Von den weiblichen Fischen fressen sie in der Zeit des Überflusses nur noch den sehr fetthaltigen Kaviar, das Gehirn und die Haut. Die Reste überlassen sie großzügig den Möwen oder jüngeren Bären, die weiter flussabwärts bereits auf die im Wasser treibenden Kadaver warten.

Elchkühe legen ihre neugeborenen Kälber gern in dichtem Buschland ab. Die Jungen geben in den ersten Lebenswochen keine Witterung von sich und sind so für Raubtiere schwer zu lokalisieren. Nur zweimal am Tag kehrt die Mutter zum Säugen zurück. Werden Elchkühe in einer solchen Situation überrascht, können sie sehr aggressiv reagieren. Große Beutegreifer wie Bären, Wölfe oder der Vielfraß werden mit den scharfkantigen Hufen attackiert. Als uneingeschränkter Herrscher des Nordens weiß der Bär durchaus, wo seine Grenzen liegen. Große, gesunde und noch dazu hornbewehrte Tiere wie Elchbullen werden mit Respekt behandelt. Ein Bär prüft aber stets genau, ob das Tier nicht eine Verletzung hat und so eine Attacke doch erfolgversprechend wäre.

*Ob Karibu, Moschusjunges, Dallschaf, Elchkalb, Murmeltier,
Vogeleier, Lachs oder Muscheln, ob Kräuter, Gräser oder Beeren –
der Generalist Bär lässt sich alles schmecken.*

Moschusochsen (*links oben*) werden nur gelegentlich zur Beute von Grizzlybären. Dallschafe (*rechts oben*) leben überwiegend in sehr felsigem Gelände. Als wahre Kletterkünstler sind sie für Grizzlys kaum erreichbar. Nur bei der Durchquerung von Tälern können sie zur leichten Beute von Bären und Wölfen werden. Karibukälber (*links unten*) müssen gleich nach der Geburt mit der Herde ziehen. Den Herden folgen oft Wölfe oder Grizzlys, die die kranken und schwachen Jungtiere reißen. Das arktische Erdhörnchen (*rechts unten*) ist für die nördlich lebenden Tundragrizzlys eine wichtige Nahrungsquelle. Da die Tiere echte Winterschläfer sind, speichern sie enorme Fettdepots in ihrem Körper. Regelmäßig werden die kleinen Nager von den Bären aus ihren Höhlen ausgegraben.

Eine Grizzlybärin (*oben*), die erst vor kurzer Zeit aus der Winterruhe erwacht ist, hat ein frisch gesetztes Elchkalb gerissen. Erfahrene Bären suchen ab Mitte Mai ganz systematisch die traditionellen Geburtsorte der Elche ab. In Gebieten mit hoher Bären- und Wolfsdichte werden auf diese Weise in manchen Jahren bis zu 80 Prozent des Elchnachwuchses getötet.

Als Spitzenjäger befinden sich Bären und Wölfe ganz am Ende der Nahrungskette. Wölfe sind reine Fleischfresser und stehen nur selten in direkter Nahrungskonkurrenz zum Bären. Sie leben selten als Einzelgänger, sondern im Rudel, und sie sind fast ständig auf der Jagd. Eigentlich gehen sich beide Arten aus dem Weg. Nur selten kommt es zu einer Konfrontation. Wölfe wissen aber, dass, wenn Grizzlys größere Beutetiere gerissen haben, für sie in der Regel immer etwas abfällt. Auf diesen Fotos allerdings ist die Beute sehr klein und der Bär beansprucht sie für sich. Die Grizzlybärin, die einen Halsbandsender trägt, hat ein Karibukalb gerissen. Das etwa 15 Kilogramm schwere Kalb wird in wenigen Minuten aufgefressen sein. Die Strategie des Wolfes besteht darin, den Bären so zu reizen, dass dieser ihn angreift und vertreibt. Der Wolf versucht dann im Bogen zur Beute zurückzukehren und mit dem toten Tier zu flüchten. Doch alle Versuche misslingen und der Bär lässt von dem Karibukalb kein Stück übrig.

In der Hochsaison (*links*) teilen sich bis zu zehn Bären gleichzeitig die reichen Fanggründe an den Brooks Falls. Diese Aufnahme wurde mit anderthalb Sekunden belichtet. Da nie alle Bären absolut still standen, wirken sie durch die lange Verschlusszeit leicht verschwommen. Als Restefresser (*rechts*) kommen einige Jungbären in der Zeit des Nahrungsüberflusses ohne große Anstrengung über die Runden.

Als am 6. Juni 1912 im Südwesten Alaskas der Mount Katmai (*vorhergehende Doppelseite*) ausbrach, wurden gewaltige Mengen Vulkanasche und Bimsstein in die Atmosphäre geschleudert. Hunderte von Quadratkilometern Land waren von einer dicken Schicht bedeckt und alles Leben schien für lange Zeit erloschen. In den Flüssen und Bächen trieb so viel Asche, dass es den Lachsen nicht mehr möglich war, in ihnen aufzusteigen. Die hohen Niederschlagsmengen und das milde Klima ließen die Vegetation in den folgenden Jahrzehnten wieder sprießen und auch die Lachse kehrten zum Laichen langsam in die Gewässer zurück.

175

Da der Ernährungsplan der Bären in erster Linie auf Gewichtszunahme ausgerichtet ist, nehmen ausgewachsene Tiere in Hochphasen pro Tag mehr als zwei Kilogramm an Gewicht zu.

Noch ist das Wasser bei Ebbe (*folgende Doppelseite*) nicht gänzlich aus den Fjorden abgelaufen, aber schon ziehen die ersten hungrigen Bären zur Muschelsuche ins Watt.

An den Küsten Nordkanadas und Alaskas nutzen die Küstenbären ganzjährig das durch die Gezeiten gesicherte Angebot an Muscheln, die sie aus dem Watt ausgraben. Konstant vorhandene Nahrungsressourcen werden demgemäß von Bären bevorzugt. Auch wenn Muscheln erst einmal nicht so ergiebig und leicht zugänglich erscheinen, sind sie doch eine verlässliche Futtergrundlage.

Die hartschaligen Jakobsmuscheln (*Seite 182 und 183*) sind sehr fett- und eiweißreich. Nach dem Ausgraben öffnen die Bären die Schalen sehr geschickt mit ihren Krallen. Jungtiere, die diese Technik noch nicht beherrschen, zerbeißen die Muschel einfach, schlürfen den Inhalt und spucken die Schalen wieder aus.

*Muscheln sind ein fett- und proteinreicher Leckerbissen für Bären.
Bei Ebbe streifen sie daher gern durchs Watt, um die Muscheln mit ihrer feinen Nase
zielgenau aufzuspüren und auszugraben.*

Auf der Insel Kodiak (*vorhergehende Doppelseite*) ziehen nach der Winterruhe selbst starke Bärenmännchen zur Muschelsuche in die Wattflächen. Hier sind gleich zwei große Bärenmännchen mit dem Ausgraben von Muscheln beschäftigt, ohne dass es zwischen ihnen zu Aggressionen kam.

An den Überresten dieses gestrandeten Buckelwals fraßen regelmäßig etwa 25 verschiedene Küstenbraunbären. Der Wal war offensichtlich bei einem Wintersturm an der Aleutenküste gestrandet. Selbst auf einen halben Kilometer Entfernung konnte man den Geruch des Kadavers wahrnehmen. Obwohl das Walfleisch auch für die Bären nicht mehr sehr appetitlich sein konnte, gab es eine ganz klare Fressordnung. Erst nachdem sich die alten Männchen täglich dreimal satt gefressen hatten, durften die jüngeren Tiere an den Kadaver gehen. Bärinnen mit Jungen waren nicht zugegen. An diesem Futterplatz herrschte eine außerordentlich nervöse, gereizte und aggressive Stimmung zwischen den Tieren.

Ein Walkadaver ist ein Glücksfund für Bären. Er kann sie dank des sehr fetthaltigen Fleisches über Wochen gut ernähren. Aus der ganzen Region werden die Bären vom Geruch magisch angezogen.

Von Fischernetzen abgerissene Bojen und Schwimmer finden sich häufig im Spülsaum der Küstenabschnitte der Aleuten wieder. Früher waren sie aus Glas, Kork, Holz oder Metall. Heute sind diese Auftriebskörper fast durchweg aus Gummi oder Kunststoff. Bären können deren Geruch und Konsistenz nicht widerstehen. Stundenlang beißen, kauen und ziehen sie an ihnen herum.

In manchen Jahren (*vorhergehende Doppelseite*) bleiben die großen Lachswanderungen an bestimmten Flüssen und Bächen aus. Zum einen reagieren die pazifischen Lachsarten empfindlich auf veränderte klimatische Bedingungen wie das sich immer stärker erwärmende Weltklima, das auch zur Erwärmung der Meere und zu einer Verschiebung sowie Unterbrechung von Meeresströmungen führt. Zum anderen sind die Lachswanderungen nicht jedes Jahr von der Anzahl der Fische her gleich. Gibt es eine starke Wanderung, laichen auch viele Fische ab. Dann dauert es wieder je nach Lachsart drei bis sieben Jahre, bis die Fische an die Stelle ihrer Geburt zurückkehren. So entstehen große periodische Schwankungen im Nahrungsangebot der Bären.

Große knorrige Treibholzstämme bieten den Braunbären weit draußen auf den Aleuten die einzige Möglichkeit, ihre Kletterfertigkeiten an Holz auszuprobieren. Das raue Klima und die vielen Stürme lassen in dieser Region keine Bäume mehr wachsen. Fast jeder Bär, der an solch pittoresken Stämmen vorbeikommt, hinterlässt beinahe zwanghaft seine Visitenkarte. Die Holzstämme sind Sportgerät und Nachrichtenzentrale zugleich.

Saftige Kräuter und Gräser sind ein wichtiger Bestandteil des Bären-Speiseplans. Kräuter helfen auch, den Darm vor der Winterruhe zu reinigen und bestimmte Krankheiten zu lindern.

Vor etwa 20 bis 30 Millionen Jahren waren die Vorfahren der heutigen Großbären typische, ungefähr fuchsgroße Fleischfresser. Im Laufe der Evolution bildeten sich jedoch zunehmend Merkmale heraus, die es den Tieren erlaubten, sich verstärkt vegetarisch zu ernähren. Im Unterschied zu spezialisierten Raubtieren wie Wölfen haben Bären vergrößerte Backenzähne. Diese haben eine flache und höckerige Kaufläche, die ganz hervorragend dazu geeignet ist, Gräser und Wurzeln zu zermahlen.

Bären sind, auch was die vegetarische Kost angeht, echte Gourmets. Auf Kräuter- und Blumenwiesen konnte immer wieder beobachtet werden, dass sie nur bestimmte Stauden, Blüten oder Pflanzen fraßen und dafür auch bereit waren, größere Strecken zurückzulegen. Seegraswiesen wurden an den Stellen besonders intensiv beweidet, wo die Gräser enorm eiweiß- und mineralstoffreich waren. Manche Grizzlys haben sich auf Weidenwurzeln spezialisiert. Besonders die Rinde der Wurzeln ist sehr nährstoffreich und enthält zudem den Wirkstoff Acetylsalicylsäure – Aspirin also. Das wussten schon die Schamanen der Indianer und bereiteten daraus Schmerz- und Fiebermittel.

An die 20000 Kilokalorien – das entspricht etwa 30 großen Portionen Spaghetti – können Bären an einem Tag zu sich nehmen. Wenn die großen Lachswanderungen vorbei sind, gibt es für die meisten Küstenbraunbären keine nennenswerten Nahrungsressourcen mehr. Beeren bilden oft die abschließende Nahrung vor der Winterruhe. Durch ihren Zuckergehalt liefern sie zusätzliche Energie und aufgrund ihres hohen Ballaststoffanteils haben sie, ähnlich wie bestimmte Kräuter, eine reinigende Funktion für den Verdauungsapparat. Die hagebuttenartigen Früchte der Wildrose sind eine sehr Vitamin-C-haltige Nahrungsquelle für Bären und besitzen eine besonders starke Reinigungswirkung.

In den nördlichsten Teilen ihres Verbreitungsgebietes verbringen Braunbären 60 Prozent ihres Lebens im Tiefschlaf. Ein knappes Nahrungsangebot ist der Hauptgrund für die winterliche Ruhe der Bären.

Im Spätherbst, bevor der Winter mit voller Macht einsetzt, ziehen sich die Braunbären in die Winterruhe zurück. Die Tiere gehen je nach Geschlecht, Familienzustand und Alter zu unterschiedlichen Zeiten in ihre Höhlen. Trächtige Weibchen und Bärinnen mit Jungen gehören zur Vorhut. Die letzten sind die dominanten Männchen. Die Höhlen werden selbst gegraben und sind meistens erstaunlich klein. Sie bestehen aus einem kurzen, etwa ein Meter langen Gang und einer Kammer, die gerade genug Platz für den oder die Bären bietet. Viele dieser Höhlen stürzen im Frühjahr ein, wenn das Erdreich auftaut. Jungbären, die sich schon vor der Winterruhe in einem schlechten Ernährungszustand befinden, haben nur eine sehr geringe Chance, die lange Schlafzeit zu überstehen.

Es wird nur noch wenig Zeit vergehen (*folgende Doppelseite*), dann zieht sich dieses alte Bärenmännchen als einer der letzten in seine Winterhöhle zurück. Das Tier ist mit fast 40 Jahren nachweislich einer der ältesten Braunbären, die in freier Wildbahn leben. Alte, verendete Bären oder ihre Skelette werden fast nie gefunden. Häufig werden sehr alte, kranke oder schwache Tiere von ihren Artgenossen gefressen oder sie sterben in ihrer Winterhöhle und kommen nie mehr zum Vorschein.

In Sagen und Märchen ist der Bär stets der Weise, der Schlaue und der Klärende, nie der Böse. Er verkörpert Kraft, Unnahbarkeit und Unabhängigkeit – genauso wird er noch heute in Regionen gesehen, in denen der Mensch von, mit und in der Natur lebt. In Nordamerika etwa ist der Bär seit den Zeiten, als der Mensch noch Jäger und Sammler war und ihm mit seinen steinzeitlichen Waffen nichts anhaben konnte, ein fast gottähnliches, unerreichbares Wesen. In den Mythen und Naturreligionen sowie auf den Totempfählen der First Nations People eroberte sich der Bär – neben dem Wolf – einen Platz an der Spitze. Man bekämpfte ihn nicht, sondern versuchte ihn in den Clan, in die Familie zu integrieren, um dadurch an seiner Stärke teilzuhaben.

In Osteuropa und den Weiten Sibiriens steht der Bär seit jeher für Schläue, Weisheit und Überlegenheit, aber auch für Eroberung – man denke nur an die Bezeichnung „Das Reich des russischen Bären". In Asien sind Teile des Bären aufgrund seiner Stärke und seiner Aura seit Urzeiten gefragte Aphrodisiaka. So wird etwa dem Fleisch der Tatzen und der Gallenblase magische Wirkung zugeschrieben. Die traditionelle chinesische Medizin spricht der Gallenflüssigkeit des Bären weitere Heil- und Wirkkräfte zu.

Auch in Europa existierte einst ein Bärenkult, wie man an prähistorischen Felsmalereien sowie Knochen- und Elfenbeinskulpturen sehen kann. Der Bär war ebenfalls ein Symbol für Stärke, Potenz und Intelligenz – bis er dem Menschen in die Quere kam. Speziell in Mitteleuropa, das bereits vor Jahrhunderten verhältnismäßig dicht besiedelt war und wo die Menschen sehr früh sesshaft wurden sowie Landwirtschaft und Viehzucht betrieben, wurde der Bär schnell zum erklärten Feind, da er sich gern am reich gedeckten Tisch bediente: Er fraß das Getreide von den Feldern, plünderte die Bienenkörbe, holte sich die Früchte von den Obstbäumen, riss Schafe, Schweine und Rinder. Daraufhin wurde er verfolgt und dezimiert, bis er in weiten Gegenden nur noch in den Sagen und Märchen weiterlebte.

Heute haben die Menschen vor allem in den Gebieten, in denen er nicht mehr heimisch ist, ein extrem widersprüchliches Bild vom Bären. Auf der einen Seite sehen sie in ihm den allerliebsten Teddy, das kuschelige,

Vor über zehn Jahren gelang es mir (*unten*) als erstem Kameramann auf der Welt, einen wilden Grizzly unter Wasser zu filmen. Es dauerte fast zwei Monate bis sich der Bär an meine Nähe gewöhnt hatte und mich unter Wasser bis auf wenige Meter an sich heranließ. An Land (*rechts*) war ihm meine Gegenwart fast egal, aber sobald ich im Tauchanzug ins eiskalte Wasser stieg, war es mit der Vertrautheit vorbei. Anscheinend passte es nicht in die Wahrnehmung des Bären, dass sich ihm ein Zweibeiner unter Wasser näherte. Trotzdem hat mich der Bär in solchen Situationen nie angegriffen, sondern versuchte immer, auszuweichen.

flauschige Schmusetier, das in der Kindheit das Bett mit ihnen teilte und als kleiner Eisbär Knut einen enormen Ansturm auf den Berliner Zoo auslöste. Sogar erwachsene Bären wirken durch ihr plüschiges Erscheinungsbild sowie ihren tapsigen Gang niedlich und verkörpern wie wohl kaum ein anderes ausgewachsenes Lebewesen das Kindchenschema, das anrührt und Fürsorgeverhalten auslöst. Auf der anderen Seite ist der Bär ein gefährlicher Beutegreifer, der sich – wie im Jahr 2006 in Deutschland in Gestalt des Braunbären Bruno – in unseren Vorgarten schleicht und irrationale Ängste weckt. Nur wenige sahen in dem seit über 170 Jahren ersten freilebenden Braunbären in Deutschland ein Symbol für das Wiedererstarken einer intakten, ausgewogenen Natur. Als Plüschtier im Kinderzimmer oder als Attraktion im Zirkus wird der Bär geduldet, aber in der freien Wildbahn will ihn keiner haben.

Bruno war eine Chance, Braunbären in Deutschland wieder heimisch zu machen. Statt ihn zu töten, hätte man ihn mit einem Sender versehen und von Biologen oder Förstern beobachten lassen sowie mit Hilfe von Feuerwerkskörpern oder Gummigeschossen von Ortschaften und vereinzelten Gehöften fernhalten können. Schnell hätte der Bär gelernt, die Nähe von Menschen zu meiden. In Nordamerika funktioniert das hervorragend, so dass selbst Problembären nur in Ausnahmefällen geschossen werden müssen.

In anderen Gegenden der Welt hat der Mensch gelernt, in der Nähe des Bären zu leben, und der Bär wiederum hat durch seine Anpassungsfähigkeit sowie Intelligenz gelernt, seine Vorteile daraus zu ziehen. Da er äußerst ungern läuft, schon gar nicht weit, nutzt er die vom Menschen angelegten Wege – ob Feldwege oder Schotterstraßen. In einigen Gebieten haben sich Bären bei der Nahrungssuche auf Müll spezialisiert und leben recht gut davon. Rumänischen Studien zufolge zeugen diese Bären mehr Nachwuchs als ihre in den wilden Karpaten lebenden Artgenossen, die sich von Fallwild, Kleintieren oder pflanzlicher Kost ernähren. Wie sich diese wunderbare Müllverwertung allerdings langfristig auswirkt, ist eine andere Frage.

Den häufigsten Fehler, den der Mensch im Umgang mit dem Bären macht, ist, dass er von seiner Denk- und Fühlweise Rückschlüsse auf das Verhalten und Empfinden, auf das Denken und Leben des Bären zieht. Der Mensch aber ist ein soziales und emotionales Wesen, das in Gemeinschaften lebt. All das ist dem Bären fremd. Richtiger wäre es also, sich Fragen zu stellen wie: Was sieht der Bär in mir? Was sieht der Bär in mir in dem Moment, in dem er gereizt oder auch ängstlich ist, in dem er mit dem Kiefer klappert oder einen Scheinangriff startet? Sieht er mich als Feind, als Eindringling in sein Gebiet, als Gefahr? Das beurteilen zu können – und vor allem angemessen zu reagieren – erfordert sehr viel Erfahrung und gute Nerven.

Aber selbst in Gegenden mit relativ hoher Bärenpopulation ist ein Angriff sehr selten. Die Fälle, bei denen Menschen von Bären attackiert und im schlimmsten Fall sogar getötet wurden, sind meistens untypische Ereignisse. Bei den Zwischenfällen der letzten 20 Jahre zwischen Mensch und Bär war bis auf ganz wenige Ausnahmen das Fehlverhalten des Menschen die Ursache: Er überraschte einen schlafenden Bären und überschritt die Bannschwelle. Oder er hatte einen Duftstoff bei oder an sich – einen Lippenpflegestift in der Jackentasche, eine Zahnpastatube im Zelt oder Sonnencreme beziehungsweise Parfüm auf der Haut. Da der Bär ein „Nasentier" ist, will er den verlockenden Duft erkunden und setzt dazu notfalls den Menschen mit einem Prankenhieb oder einem Biss ins Genick außer Gefecht. Oder der Mensch versuchte einen Bären zu vertreiben, der sich auf einem Müllplatz tummelte, Vieh gerissen hatte oder in ein Gebäude eingedrungen war. Auch hier gilt: In den Augen des Bären will man ihm seine Beute oder seinen Futterplatz streitig machen – und dagegen wehrt er sich.

In Europa beginnen die Bärenpopulationen langsam wieder anzusteigen. Der Mensch schafft Schutzgebiete und Wanderkorridore, um dem großen Raubtier wieder eine Lebensgrundlage zu geben. Diese Maßnahmen funktionieren in Nordamerika und Skandinavien, aber auch in Osteuropa hervorragend. Generell kann man sagen, dass in Ländern, in denen der Braunbär nie ausgerottet wurde, die Menschen und letztendlich auch die Politiker konstruktiver reagieren und nach geeigneten Lösungen im Umgang mit den großen Beutegreifern suchen.

Da die Braunbärenpopulationen im Alpenraum ansteigen, werden die Tiere sich neue Heimatgebiete erschließen müssen. Vielleicht wird der Braunbär dann auch wieder in Deutschland heimisch sein.

Von Primaten (*oben und folgende Seiten*) abgesehen, gibt es kein anderes Säugetier, das so menschliche Posen einnehmen kann. Außerdem wirken in solchen Momenten die Bären wie zu groß geratene Teddys. Das ist einer von vielen Gründen, warum Bären den Menschen so sympathisch erscheinen.

Der Bär ist ein Nasentier und folgt den verlockenden Gerüchen der menschlichen Zivilisation. In vielen Gebieten Nordamerikas hat er gelernt, mit dem Menschen zu leben.

In ganz Nordamerika (*vorhergehende Doppelseite*) werden im Durchschnitt jährlich sechs Menschen von Braunbären getötet. In derselben Zeit sterben mehrere tausend Menschen durch Verkehrsunfälle. Die wenigen Bärenunfälle sind meistens auf das Fehlverhalten der Menschen zurückzuführen, etwa wenn sich Mensch und Bär ohne Vorwarnung plötzlich gegenüberstehen. Das überraschte Tier greift an, um sich, seine Beute oder seinen Nachwuchs zu verteidigen. In aller Regel sind Bären jedoch scheu und weichen Menschen aus, wenn sie sich im Bärengebiet bemerkbar machen.

Sogenannte Problembären gibt es überall dort in Nordamerika, wo der Mensch nahe an der Wildnis siedelt und sich die Bären zum Teil vom Zivilisationsmüll ernähren können. Im Gegensatz zu Deutschland werden solche Tiere aber nicht gleich erschossen, sondern man versucht, sie umzuerziehen. Mit Gummigeschossen, Feuerwerkskörpern und Reizgasen werden die Tiere konditioniert, dass die menschliche Nähe für sie Schmerz, Angst und Stress bedeutet. Da Bären sehr intelligent sind, verstehen sie diese Lektionen sehr schnell und lernen daraus.

Die Trans-Alaska-Pipeline ist die Lebensader des größten Bundestaates der USA. Seit nunmehr fast 30 Jahren fließt durch diese Leitung pro Sekunde Rohöl im Wert von etwa 800 US-Dollar. Die Pipeline war eine Meisterleistung der Ingenieurskunst. Erdbebensicher, auf Permafrostboden gebaut, extremen Temperaturschwankungen von 100 Grad trotzend, schlängelt sie sich von der Prudhoe Bay im Norden 1300 Kilometer (800 Meilen) bis zum eisfreien Hafen Valdez am Prince William Sound im Süden. Die Tiere des Nordens haben den gewaltigen Fremdkörper akzeptiert und schenken ihm kaum noch Beachtung.

Ein willkommenes Fotomotiv: Die Anwesenheit von Menschen scheint Braunbären in manchen Gebieten nicht im Geringsten zu stören. Vorsicht ist aber geboten, denn Bären können völlig unvorhersehbar reagieren.

In den Nationalparks Nordamerikas und Kanadas gelten eigene Gesetze im Umgang des Menschen mit der Natur. Hat ein Bär ein größeres Beutetier gerissen und die Nationalparkverwaltung bekommt Kenntnis davon, wird das Gebiet weiträumig gesperrt. Zu groß ist die Gefahr, dass sich ein Bär an seinem Riss durch Menschen gestört fühlt und aggressiv reagiert. Im Denali Nationalpark in Alaska haben sich die Bären an den Busverkehr gewöhnt. Da sie immer Vorfahrt haben, stauen sich die Fahrzeuge oft zu langen Schlangen. Jeder Besucher möchte aus einer sicheren Position ein Bärenfoto machen.

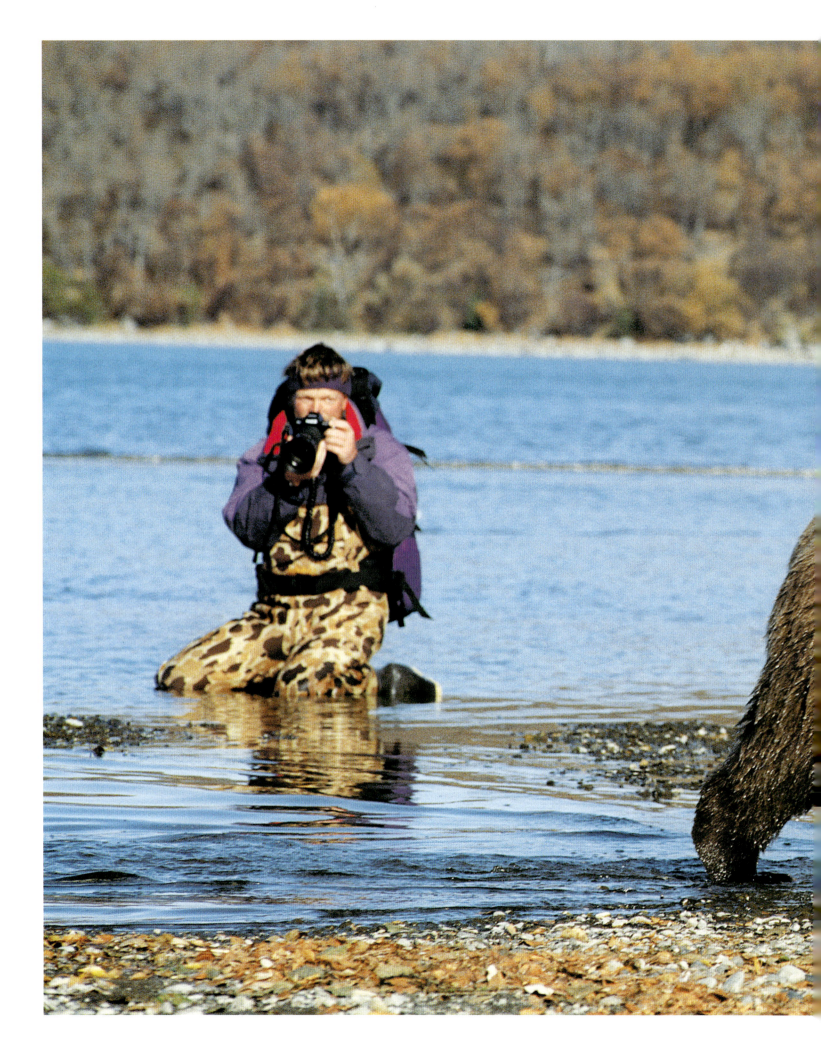

In Alaska und Nordkanada (*vorhergehende Doppelseite*) werden Anglerträume wahr. Mittlerweile erreichen die Sportfischer mit Wasserflugzeugen auch die entlegensten Fischgründe – doch da sind sie meistens nicht alleine. Wo sich viele Fische tummeln, gibt es auch Bären. Am Brooks River in Alaska haben sich einige Bärinnen darauf spezialisiert, den Anglern die Fische vom Haken zu stehlen, denn ein Fisch an der Angel ist eine leichtere Beute. Noch bevor die Lachse und Regenbogenforellen im Kescher landen, haben die Bären sie gepackt, reißen die Schnur ab und verspeisen den Fisch vor den Augen des entsetzten Anglers. Ist ein Fisch an der Angel, können einige Bärinnen sogar anhand der knarrenden Geräusche der Angelrolle erkennen, ob es sich um einen kleinen oder einen großen Lachs handelt.

Wenn die Nächte klar sind (*links*), zeigt sich am nördlichen Sternenhimmel ein Schauspiel von unglaublicher Schönheit. Wie ein Feuerwerk, aber völlig geräuschlos tanzen die Nordlichter. Sogenannte Sonnenwinde sind dafür verantwortlich. Bei Eruptionen auf unserem Zentralgestirn werden Teilchen in den Weltraum geschleudert und vom Magnetfeld der Erde angezogen. Ganz besonders um den magnetischen Nord- und Südpol dringen die Teilchen in die Erdatmosphäre ein und reagieren mit Gasen. Die Gase beginnen zu leuchten und der Himmel verfärbt sich. In den gemäßigteren Breitengraden sind Nordlichter sehr selten zu beobachten, da das Magnetfeld nicht stark genug ist.

Bei Ebbe (*oben*) fallen große Flächen der Fjorde und Buchten komplett trocken. An solchen Stellen muss ein Segelboot mit Landleinen und zwei Ankern gesichert werden, denn zweimal am Tag kommt die Flut mit enormer Kraft zurück.

Zelten in Bärengebieten ist immer riskant, denn es gibt nur wenige effektive Methoden, einen Bären vom Camp fernzuhalten. Ein mobiler Elektrozaun ist die wirksamste und praktikabelste Variante. Das Auslegen von Mottenkugeln, deren Geruch Bären hassen, wirkt nur bedingt. Ganz wichtig ist, dass Lebensmittel inklusive Zahnpasta und Hautcreme nicht im Zelt aufbewahrt werden. Den einzig sicheren Schutz dafür bietet ein beißfester Container, den die Bären nicht öffnen können. Bären die einmal an Lebensmittel gelangt sind, stellen eine echte Gefahr für Camper dar. Sie werden immer wieder versuchen, besonders in Abwesenheit der Menschen die Zelte zu plündern.

Im Bärengebiet (*vorhergehende Seiten*) einen Rucksack unbeaufsichtigt abzustellen, ist keine gute Idee. Bären sind extrem neugierig und interessieren sich für alles Neue in ihrem Revier. Der Verlust von Ausrüstungsgegenständen in der Wildnis kann zu einem ernsten Überlebensproblem werden.

FAKTEN UND HINTERGRÜNDE

STECKBRIEFE VON BRAUN-, SCHWARZ- UND EISBÄR

Name: Braunbär, Grizzly in Nordamerika
Wissenschaftl. Name: *Ursus arctos*
Größe: Stark abhängig vom Verbreitungsgebiet, Schulterhöhe 90 bis 160 cm, Aufstellmaß 160 bis 280 cm
Gewicht: stark abhängig vom Verbreitungsgebiet, Weibchen 80 bis 250 kg, Männchen 140 bis 550 kg
Lebenserwartung: 25 bis max. 40 Jahre
Fortpflanzung: Paarungszeit Mai bis Juni, verzögerte Einnistung der Eizelle, Tragzeit mit Eiruhe 7–8 Monate, Wachstumszeit des Fötus nur etwa 60 Tage, 1–4 Junge (durchschnittl. 2)
Ernährung: Allesfresser, je nach Verbreitungsgebiet stark vegetarisch lebend
Habitat: Küsten, offene Tundragebiete, lichte Taigawälder, Mittelgebirge und Hochgebirge bis 3500 Meter
Verbreitung: nördliche Halbkugel, Nordkanada, Alaska, Sibirien, Himalaja, Zentralasien, Skandinavien, Südosteuropa, weltweiter Bestand ca. 185 000 bis 200 000 Tiere

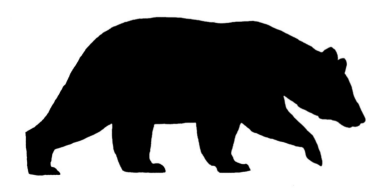

Name: Amerikanischer Schwarzbär oder Baribal
Wissenschaftl. Name: *Ursus americanus*
Größe: Schulterhöhe 70–90 cm, Aufstellmaß 140–180 cm
Gewicht: Weibchen 50–80 kg, Männchen 60–250 kg
Lebenserwartung: ca. 30 Jahre
Fortpflanzung: Paarungszeit Mai bis Juli, Tragzeit mit Eiruhe 7–8 Monate, Wachstumszeit des Embryos nur 60–70 Tage, 2–3 Junge
Ernährung: Überwiegend vegetarisch (mehr als 75%), ansonsten Insekten, kleinere Säugetiere und Aas
Habitat: Bevorzugt Wälder mit dichtem Unterwuchs, Buschland
Verbreitung: Große Teile Nordamerikas, nahezu ganz Alaska, Kanada mit Ausnahme des äußersten Nordens, bis zu den Gebirgszügen Mexikos, Population in Nordamerika über 700 000 Tiere

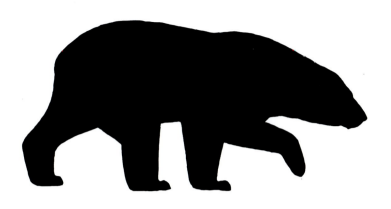

Name: Eis- oder Polarbär
Wissenschaftl. Name: *Ursus maritimus*
Größe: Schulterhöhe 140–160 cm, Aufstellmaß 200–250 cm
Gewicht: Weibchen 150–300 kg, Männchen 420–600 kg
Lebenserwartung: 20–30 Jahre
Fortpflanzung: Paarungszeit März bis Mai, Tragzeit mit Eiruhe etwa 8 Monate, durchschnittl. 2 Junge
Ernährung: Fleischfresser, Hauptnahrung Robben, Fische, Seevögel
Habitat: Treib- und Packeisgürtel der nordpolaren Meere und arktische Küsten
Verbreitung: Rund um den Nordpol, nördliches Kanada, Alaska, Grönland, Spitzbergen und russische Arktis, weltweiter Bestand etwa 20 000 bis 25 000 Tiere

STAMMBAUM DES BÄREN

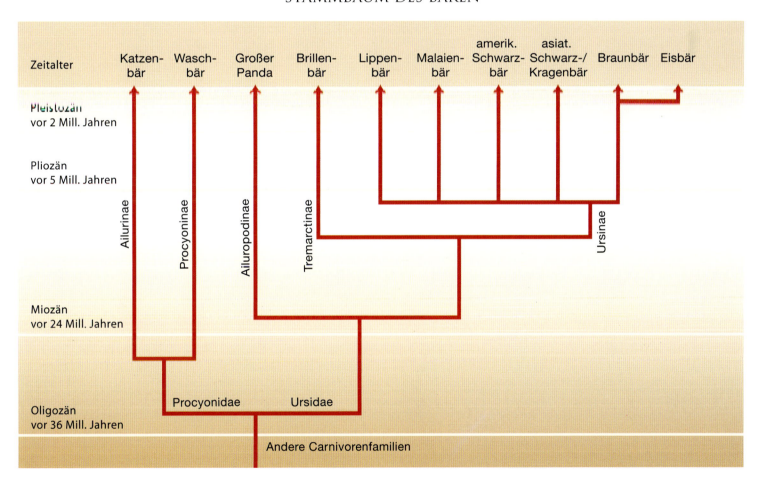

Alle heute lebenden Raubtiere gehen auf kleine baumbewohnende Fleischfresser zurück, die Miaciden, die vor rund 50 Millionen Jahre lebten. Daraus entwickelten sich die beiden großen Raubtierstammlinien, die Katzenartigen (*Feloidea* oder *Aeluroidea*) und die Hundeartigen (*Canoidea*). Die Bären werden den Hundeartigen zugeordnet. In Abgrenzung zu den Kleinbären (*Procyonidae*) werden die Großbären auch als Echte Bären bezeichnet, von denen Großer Panda und Brillenbär eine Sonderstellung einnehmen.

Die Karte (*folgende Doppelseite*) zeigt die heutigen ungefähren Verbreitungsgebiete der Großbären. In den letzten 100 Jahren sind die ursprünglichen Verbreitungsgebiete fast aller Bärenarten dramatisch geschrumpft. Hauptgrund dafür ist die Zerstörung ihrer Lebensräume durch den Menschen. Durch Schutzmaßnahmen wie Nationalparks, kontrollierte Bejagung und Forschungsprojekte haben sich einige Populationen in ihren Bestandszahlen wieder stabilisiert oder steigen sogar leicht an.

Eisbären (*oben*) haben als fast reine Fleischfresser im Gegensatz zu Braunbären ein Raubtiergebiss mit scharfen Backenzähnen. Bis auf die Fußballen (*rechts unten*) sind ihre Sohlen völlig behaart, um sie so gegen Kälte zu schützen. Jede Tatze hat fünf Zehen mit nicht einziehbaren Krallen. Da die Tatzen des Eisbären sehr breit sind, verteilt sich sein hohes Gewicht auf dünnem Eis optimal und er bricht nicht zu leicht ein.

Der Höhlenbär (*rechts oben*) war ein wahrer Gigant und von allen jemals auf der Erde existierenden Bärenarten der schwerste. Als absolutes Erfolgsmodell der Evolution starb er vor etwa 15000 Jahren zeitgleich mit dem Mammut sowie dem Wollnashorn aus. Der Höhlenbär hatte ein Drittel mehr Körpermasse als die größten heute lebenden Braunbären und war über die eisfreien Regionen Europas sowie Vorderasiens verbreitet. Den Namen Höhlenbär trägt er, weil seine Skelette in großer Zahl in natürlich gewachsenen Höhlen gefunden wurden, in denen er offensichtlich überwintert hat. Im Mittelalter glaubten die Menschen beim Anblick eines solch gewaltigen Schädels, dass es sich um den eines Drachen handele. So entstand in vielen Regionen die Sage vom feuerspeienden Drachen, der in einer Höhle haust.

DER FOTOGRAF UND AUTOR

1959 Geburt in Gotha/Thüringer Wald.

1976 Dramatische Flucht über die damalige Tschechoslowakei und Österreich nach Westdeutschland. Beim Durchschwimmen der Donau wird er von Grenzsoldaten angeschossen.

1977–1980 Ausbildung zum Matrosen auf Überseehandelsschiffen weltweit.

1984 Grönlanddurchquerung, erste Eisbärenaufnahmen in Üpernavik.

1985 Examen zum Revierjagdmeister.

1988–1989 Forstberater in China, Indien und Pakistan.

1989 Mountain-Bike-Tour durch den Himalaja.

1991 Yukon-River-Expedition – 3200 Kilometer mit dem Kanu durch Nordkanada und Alaska.

1993 Besteigung des Mount McKinley in Alaska mit kompletter Filmausrüstung.

1996 Als erster Kameramann der Welt Tauchgang mit einem wilden Grizzly.

2003 3-monatige Segelboot-Expedition mit seinem 9-jährigen Sohn Erik zu den Küstenbraunbären der Aleuten.

2005 Wiederholung der Yukon-River-Expedition mit der Familie.

2006 Mehrere Berggorilla-Expeditionen in Zentralafrika.

2006 Expedition ins Tian-Shan-Gebirge auf der Suche nach Schneeleoparden und Marco-Polo-Argalis.

2007 Expedition zu den Salzwasserkrokodilen in Nordaustralien, Tauchgang mit einem Krokodil.

2007 Expedition zu den Komodo-Waranen in Ostindonesien.

2008 Vortragsreisen in Indien, auf der arabischen Halbinsel und in Deutschland.

Seit **1990** Dokumentarfilmer (eine Auswahl):

1992 *2000 Meilen Freiheit*, Kanuexpedition auf dem Yukon River – Von den Quellen bis zur Beringsee, ARD, Zweiteiler

1993 *Die Waljäger von Point Hope*, WDR

1994 *Eisbären – Herrscher der Arktis*, ZDF
Der Uhu – Jäger der Nacht, WDR

1995	*Der Mount McKinley – Ein eiskaltes Abenteuer*, ARD
1995	*Knast für Eisbären*, WDR
1995–1997	*Im Schatten der Gletscher*, ZDF, „Wunderbare Welt", Koprod. mit Discovery Chanel
1998–1999	*Im Herzen deutscher Wälder*, ZDF, „Wunderbare Welt", Koprod. mit Discovery Chanel
1999–2001	*Nomaden des Nordens*, ZDF, „Wunderbare Welt", Koprod. mit Discovery Chanel
2002–2003	*Grizzly Giganten*, ZDF, „Wunderbare Welt", Koprod. mit Discovery Chanel und Animal Planet Special
2003–2004	*Der Bärenmann*, ARD, „Expedition ins Tierreich", Koprod. mit National Geographic
2004–2006	*Abenteuer Yukon River*, ARD, Koprod. mit National Geographic und Arte, Dreiteiler Teil 1: *Durch das wilde Herz Kanadas* Teil 2: *Auf den Spuren der Goldsucher* Teil 3: *Der lange Weg bis zum Eismeer*
2006–2008	*Die letzten ihrer Art – Magische Momente*, ZDF, „Adventure X", Koprod. mit National Geographic und Arte, Dreiteiler Teil 1: *Durch Hochgebirge und Urwälder* Teil 2: *Durch Eis und Wüste* Teil 3: *In Ozeanen und Sümpfen*
2007	*Im Visier der Grizzly Giganten*, ZDF, „Adventure X"

REISEN ZWISCHEN 1984 UND 2007

REGISTER

Aleuten 11, 23, 66, 133, 191, 192
Allesfresser 18, 35, 72, 156, 230
Angriffe auf Menschen 11, 208, 209
Annan Creek 39
Aufzucht 30, 78, 88, 99, 101, 102, 105, 106, 116

Bestand 20, 36, 230, 231
Beutetiere
    Dallschafe 158, 169
    Elche 158, 166, 169
    Erdhörnchen 156, 169
    Karibus 158, 169
    Lachse 156, 158, 163, 165, 175, 191
    Moschusochsen 158, 169
    Muscheln 156, 180, 181
Braunbär (*ursus arctos*) 8, 11, 18, 20, 24, 29, 30, 69, 75, 83, 86, 88, 93, 106, 112, 120, 156, 163, 169, 209, 230, 234
Brillenbär (Andenbär) 20, 231–233
British Columbia 69
Brooks Falls 158, 163, 165, 175
Brooks River 98, 223

Duftmarken 56, 86, 192

Einzelgänger 38, 46, 52, 97, 125, 138
Eisbär (*ursus maritimus*) 220, 42, 46, 50, 86, 88, 89, 112, 120, 231–233
Erinnerungsvermögen 50, 52

Feinde 18, 46
Fell 24, 29, 36, 38, 42, 53, 75, 129
First Nations People 69, 206
Fleischfresser 18, 42, 46, 194, 231, 234
Fortpflanzung 86, 88, 89, 112, 120, 140, 230, 231

Gebiss 18, 72, 194, 234
Geruchssinn 10, 11, 36, 42, 50, 52, 56, 72, 78, 208
Geschwindigkeit 41, 120, 158
Gewicht 20, 30, 38, 75, 80, 88, 93, 111, 120, 156, 158, 176, 230, 231
Gletscherbär 36
Grizzly (*siehe Braunbär*)
Größe 20, 38, 156, 158, 230, 231

Habitat 35, 40, 41, 230, 231
Heimatgebiete 20, 24, 35, 50, 56, 136, 209
Höhlen 200
Höhlenbär 234
Hörvermögen 10, 42, 52, 72

Indianer 8, 36, 56, 163, 197

Jagd(-techniken) 23, 53, 156, 163, 165, 169, 180
Junge 30, 52, 69, 86, 88, 93, 101, 102, 112, 116, 175

Kämpfe unter Artgenossen 14, 46, 52, 90, 138, 140–142, 144, 147

Kamtschatka 88, 208
Kannibalismus 46, 141
Katzenbär 231
Kermodebär 36, 69
Kodiak 20, 156, 180, 186
Kodiakbraunbär 20, 156
Kommunikation 10, 56, 86, 125, 129, 144, 192
Kragenbär (asiatischer Schwarzbär) 20, 231–233
Küsten(braun)bär 11, 18, 24, 30, 88, 156, 180, 199

Lebenserwartung 83, 120, 148, 200, 230, 231
Lebensraum 18, 20, 35
Lippenbär 20, 231–233

Malaienbär 20, 231–233
Medizin 38, 206

Nachtaktivität 72
Nahrung 18, 23, 24, 30, 35, 38, 41, 46, 50, 52, 56, 88, 112, 133, 138, 140, 141, 156, 158, 165, 169, 180, 186, 191, 194, 197, 199, 208, 230, 231

Orientierungssinn 78

Paarung 52, 86, 90, 93, 140
Paarungszeit 90, 230, 231
Pandabär, Großer 20, 230–233
Passgang 50
Polarbär (*siehe Eisbär*)

Rangordnung 14, 30, 48, 52, 56, 120, 138, 140, 144, 147, 163, 186

Säugen 88, 101, 102
Schulterhöcker 38, 83
Schwarzbär, amerikanischer (*ursus americanus*) 220, 35, 36, 38, 41, 69, 86, 88, 89, 97, 230–233
Sehvermögen 42, 52, 56, 72, 83
Sohlengänger 41, 42
Spielen 69, 105, 120, 138, 142
Sterberate 89, 148

Tragzeit 88, 230, 233

Verbreitung 18, 20, 35, 36, 42, 230, 233
Verhalten gegenüber Menschen 10, 36, 206, 208, 209, 215, 219, 223, 227

Wanderschaft 50, 120
Waschbär 233
Winterruhe 8, 18, 21, 30, 78, 86, 89, 111, 126, 156, 158, 194, 199, 200
Witterung (*siehe Geruchssinn*)
Wölfe 129, 133, 158, 166, 169, 170, 194, 206
Wurfgröße 89, 230, 231

Zimtbär 36

Für meine alaskischen Freunde Steven Nourse und Greg A. Syverson, mit denen ich in der Wildnis des Nordens so viele großartige Abenteuer erleben durfte! Und in Gedanken an die Fotografen Michio Hoshino, Timothy Treadwell und Vitaly Nikolayenko, die die Bären genauso liebten wie ich.

Für die Unterstützung meiner vielen Expeditionen danke ich folgenden Firmen und Personen: Volkswagen, Carl Zeiss Sports Optics, Fjäll Räven, Meindl, Blaser, Sachtler, Grabner, Mediatec, Scubapro, Lowepro, Perry und Angela Mollan, Nick Jans, John Bartolino, Charly Hall, Steven Kazlowski, Eberhard Brunner, Shauna und Parker Fitzpatrick, Ryan Hill, Wolfgang Hebel, Paul J. Hansen, Otto und Hanni Zimmermann, Rachel Syverson, Marty und Marion Owen, Don und Jennifer Ciancio, Matthias Breiter, Victor van Ballenberghe, David Neel Jr., Heather Johnson, Frank Gutsche, Karry und Sascha O'Neil, Birgit Kieling, Kay Kesling, University of Alaska/Fairbanks

Copyright © Parragon Books Ltd

Parragon Books Ltd
Queen Street House
4 Queen Street
Bath BA1 1HE, UK

Fotos © Andreas Kieling
Weitere Fotos © Steven Nourse (S. 74, 170, 171, 218/219, 234/235), Henriette Lavaulx-Vrecourt (S. 14, 15), Oakley Chochran (S. 236), Greg A. Syverson (S. 9, 223), Erik Kieling (S. 10, 11, 12, 82, 120, 121, 218 oben)

Konzeption, Layout und Redaktion: Daniela Kumor, Köln
Karten und Grafiken: Burga Fillery, Berlin

Alle Rechte vorbehalten.
Die vollständige oder auszugsweise Speicherung, Vervielfältigung oder Übertragung dieses Werkes, ob elektronisch, mechanisch, durch Fotokopie oder Aufzeichnung, ist ohne vorherige Genehmigung des Rechteinhabers urheberrechtlich untersagt.

ISBN 978-1-4075-1142-9

Printed in China